AF281372

Stine Födelse

Von A wie Anton bis Z wie Zwän

Mit meinem Herz und meinen
Händen - ein fast ganzes Leben
als Hebamme

Stine Födelse

Impressum:

Bibliografische Information der Deutschen Nationalbibliothek: Die Deutsche Nationalbibliothek verzeichnet diese Publikation in der Deutschen Nationalbibliografie; detaillierte bibliografische Daten sind im Internet über dnb.dnb.de abrufbar.

Die automatisierte Analyse des Werkes, um daraus Informationen insbesondere über Muster, Trends und Korrelationen gemäß §44b UrhG („Text und Data Mining") zu gewinnen, ist untersagt.

© 2025 Stine Födelse

Verlag: BoD · Books on Demand GmbH, Überseering 33, 22297 Hamburg, bod@bod.de
Druck: Libri Plureos GmbH, Friedensallee 273, 22763 Hamburg

ISBN: **978-3-8192-7971-3**

Inhaltsverzeichnis:

Meine Studienjahre

Meine Jahre im Kreißsaal

Inhaltsverzeichnis:

Meine Jahre zwischen Kreißsaal und Freibe-ruflichkeit

Vorwort:

Ich liebe meinen Beruf – wirklich! Und die Familien, die ich in all den Jahren begleiten durfte, kommen gleich danach.

Dieses Buch ist eine wilde Mischung aus den kuriosesten, absurdesten, traurigsten und vor allem den lustigsten und herzerwärmendsten Geschichten, die mir in meiner langen Laufbahn als Hebamme begegnet sind. Manchmal waren es die Babys, die mich zum Staunen brachten, oft auch die Eltern – und manchmal schlicht und ergreifend die seltsamen Eigenheiten des Lebens.

Ein riesengroßes Dankeschön gilt den wunderbaren Menschen, die ich auf ihrem Weg begleiten durfte. Jede Familie, jede Mutter und jedes Baby haben mich auf ihre eigene Weise geprägt. Und während ich immer dachte, ich bin diejenige, die anderen etwas gibt, haben mir die Menschen genauso viel zurückgegeben: Lächeln, Vertrauen, Geduld – und manchmal auch Kuchen!

Ein ganz besonderer Dank geht an meine eigenen Kinder, meine Eltern und vor allem an meinen Ehemann – die geduldigsten Menschen der Welt. Sie haben mich mit all meinen Geschichten, dem Chaos meines Berufs und meinen etwas verrückten Arbeitszeiten ertragen. Ohne sie hätte ich vermutlich irgendwann alles hingeschmissen. Oder schlimmer noch: Ich wäre einfach durchgedreht.

Dieses Buch ist also mehr als nur eine Sammlung von Geschichten. Es ist meine Geschichte. Mein Leben als Hebamme, erzählt in Momenten, die mich zum Lachen, Weinen und Staunen gebracht haben. Ich hoffe, dass euch dieses Buch mindestens genauso viel Freude bringt wie mir – und vielleicht sogar einen kleinen Einblick in die aufregende, oft witzige und manchmal chaotische Welt der Hebammenarbeit.

Mit meinem Herz und meinen Händen, ein fast ganzes Leben als Hebamme

Meine Studienjahre

1.Kapitel

Wie kommt man eigentlich darauf, ein Buch zu schreiben? Tja, das frage ich mich auch manchmal! Ursprünglich wollte ich ja nur mal ein paar meiner skurrilsten Erlebnisse aufschreiben, um sie nicht zu vergessen – mein Gedächtnis ist schließlich auch nicht mehr das frischeste. Aber dann dachte ich: „Warum nicht gleich ein ganzes Buch daraus machen? Wenn schon, denn schon!" Gesagt, getan! Schon die Suche nach einem passenden Titel entwickelte sich zu einem kleinen Abenteuer – das war fast spannender als die Geschichten selbst! Aber dann erinnerte ich mich an eine besonders witzige Situation im Kreißsaal, die mir nicht mehr aus dem Kopf ging. Und so war der Titel geboren. Was es damit auf sich hat? Keine Sorge, das verrate ich euch später – man muss ja die Spannung ein bisschen aufrechterhalten!

In fast 45 Jahren als Hebamme habe ich mehr erlebt, als man in drei Leben unterbringen könnte. Über 1200 Kinder habe ich auf diese Welt begleitet – und nein, ich habe nie den Überblick verloren, auch wenn es manchmal verdammt knapp war! Mehr als 4000 Familien habe ich durch das Abenteuer

Schwangerschaft, Geburt und das erste chaotische Jahr mit Baby begleitet. Manche von ihnen sogar mehrmals – ja, man nannte mich irgendwann liebevoll ihre „Haus- und Hofhebamme". Diese Bezeichnung war nicht nur ein netter Titel, sondern auch Ausdruck der tiefen Verbundenheit, die ich mit vielen dieser Familien empfand und immer noch empfinde. Ihr könnt euch vorstellen, dass ich in all den Jahren unzählige fröhliche, witzige und manchmal auch nachdenkliche oder traurige Momente erlebt habe. Es waren turbulente, anstrengende, aber auch absolut wundervolle Jahre, und ich würde keine einzige Sekunde davon missen wollen. Von all diesen Erlebnissen möchte ich in diesem Buch berichten – und glaubt mir, es gibt viel zu erzählen!

Schon als kleines Mädchen – ich war wohl fünf oder sechs Jahre alt – stand für mich fest: Ich werde Krankenschwester! Warum? Das weiß ich heute nicht mehr so genau. Ich hatte eigentlich keinen besonderen Bezug zu dem Beruf, außer einer nicht gerade traumhaften Erfahrung, als ich als Kind drei Wochen im Krankenhaus verbringen musste. Diese Erfahrung war alles andere als schön – aber wie das bei Kindern manchmal so ist: Trotz des Schreckens hielt mich das nicht davon ab, den Beruf ins Auge zu fassen. Im Gegenteil, ich war fasziniert von den Krankenschwestern in ihren weißen Kitteln, die wie Engel über die Flure schwebten (okay, in meiner Erinnerung schwebten sie, in Wirklichkeit klapperten sie vermutlich eher hektisch herum). Als ich älter wurde und die Idee, Krankenschwester zu werden, langsam reifte, kamen noch andere Berufsträume hinzu. Damenmaßschneiderin stand plötzlich hoch im Kurs – die Vorstellung, feine Kleider zu nähen, hatte ihren Reiz. Oder Lehrerin – warum nicht eine Klasse voller Kinder unterrichten und dabei die Fäden in der Hand halten? Doch dann geschah etwas, das meine berufliche Zukunft in eine ganz andere Richtung lenkte: Meine ältere Schwester beschloss, sich als Hebamme zu bewerben. Warum ausgerechnet Hebamme? Keine Ahnung. Ich erinnere mich nur daran, wie sie das Bewerbungsformular ausfüllte und gespannt auf eine Antwort wartete. Die Antwort kam – und zwar in Form einer Absage. Und was macht meine Schwester? Sie atmet erleichtert auf! Der Grund? Sie hatte inzwischen eine Geburt im Fernsehen gesehen – und das war 1979, da wurde so etwas ja noch recht dezent bis gar nicht dargestellt. Doch für meine Schwester reichte das völlig aus, um eine panische Angst zu entwickeln, dass sie vielleicht doch noch zu einem Vorstellungsgespräch eingeladen werden könnte. Rückblickend betrachtet, war diese Absage wohl ein echter Glücksfall – für sie und für mich. Denn so kam es, dass ich diesen wunderbaren Beruf für mich wieder entdeckte, der mein Leben in den folgenden Jahrzehnten so prägen sollte.

Mein damaliger Klassenlehrer war felsenfest davon überzeugt, dass ich das Zeug zur Lehrerin hätte. Mit der Überzeugungskraft eines Missionars redete er auf mich ein, dass ich unbedingt diesen Weg einschlagen sollte – oder zumindest Mathematik studieren könnte. Und was macht man, wenn ein Lehrer, der einem jeden Tag ins Gesicht schaut, eine solche Idee hat? Man gehorcht! Also bewarb ich mich für das Lehramt. Was dann folgte, war ein Abenteuer, das ich so schnell nicht vergessen konnte. Zuerst musste ich zu einem stimmsprachlichen Test – ja, die Art von Test, bei der man sich fragt, ob man plötzlich Opernsängerin werden will. Anschließend folgten Prüfungen in Mathematik und Deutsch. Und was soll ich sagen? Ich habe sie alle mit Bravour bestanden, worauf ich heute noch stolz bin. Allerdings war der HNO-Arzt beim stimmsprachlichen Test nicht sonderlich begeistert von meiner Stimmlage. Er meinte trocken: ‚Musiklehrerin sollten Sie besser nicht werden. Ihre Stimmbänder würden das nicht überleben.‘ Na gut, dachte ich, wenn ich schon Lehrerin werde, dann für Mathematik und Chemie – meine Lieblingsfächer, bei denen man keine Arien schmettern muss.

Meine Begeisterung für das Lehramt verflog jedoch schneller, als geahnt, nämlich als ich erfuhr, dass die Ausbildung satte vier Jahre dauern würde und ich dafür in eine fremde Stadt ziehen müsste. Allein der Gedanke, mein geliebtes Zuhause zu verlassen, ließ meine Lehramtspläne wie ein missglücktes Experiment in Chemie verpuffen. Also begann ich zu überlegen, ob mein langgehegter Wunsch, im Krankenhaus zu arbeiten, nicht doch die bessere Idee wäre. Zufällig – und ich meine wirklich zufällig – sah ich dann im Fernsehen den Film ‚Semmelweis, Retter der Mütter'. Dieser Film war wie ein Blitzschlag. Plötzlich war mir klar, was ich tun wollte: Ich werde Hebamme!

Diese Entscheidung bedeutete, dass ich mich mit dem Halbjahreszeugnis der neunten Klasse bewerben musste. Ihr könnt euch vorstellen, dass das nicht gerade ein Spaziergang war. Als ich meinen Eltern und meinem Lehrer von meinem Plan erzählte, sahen sie mich an, als hätte ich gerade gesagt, dass ich nach Timbuktu auswandern will. Sie machten mir wenig Hoffnung und bereiteten mich vorsorglich auf eine Absage vor. Aber ich war entschlossen – nein, ich war mehr als das! Wenn ich mir etwas in den Kopf gesetzt habe, dann bleibt es da auch. Also setzte ich mich hin und schrieb meine Bewerbung. Und das war zu der Zeit noch eine handschriftliche Angelegenheit, die einem Kalligraphie Kurs alle Ehre gemacht hätte. Glaubt mir, wenn ich sage, dass ich meinen Lebenslauf bestimmt 80-mal neu geschrieben habe? Meine Handschrift war damals schon eine wilde Mischung aus Arzt-Gekrakel und Geheimsprache, die nur ich selbst entziffern konnte.

Und dann begann das bange Warten. Fast täglich sprintete ich zum Briefkasten – und das mehrmals. Zu meiner großen Enttäuschung blieb er jedoch wochenlang leer. Ich begann schon, an meinem Traum zu zweifeln, als eines Tages der langersehnte Brief plötzlich wie von Zauberhand auf unserem Küchentisch erschien. Er enthielt eine Einladung zum Vorstellungsgespräch! Ich war so aufgeregt, dass ich meine Familie mit meinem ständigen Herumgewusel fast in den Wahnsinn trieb. Voller Freude tanzte und sprang ich durch das ganze Haus, während meine Eltern sich wohl wünschten, dass der Brief nie angekommen wäre.

Doch die Euphorie wurde schnell von Panik abgelöst. Was sollte ich anziehen? Wie sollte ich mich verhalten? Das Schlimmste: Meine Eltern hatten sich ausgerechnet zu diesem Zeitpunkt in den Urlaub verabschiedet, und ich musste alles alleine bewältigen und das mit gerade mal 15 Jahren. Oh Mann, die Aufregung war groß! Aber alles Jammern half nichts. Ich suchte mir also meine besten Sachen heraus, zauberte mir eine Frisur, die meiner Meinung nach Eindruck schinden würde, und machte mich auf den Weg zum Vorstellungsgespräch. Als ich im Klinikum ankam, stellte ich jedoch fest, dass die Realität mir einen Strich durch die Rechnung machte. Die Schlange der Bewerberinnen reichte den ganzen langen Flur entlang bis ins Treppenhaus! Mein Selbstbewusstsein, das ohnehin schon wackelig war, sank auf den

Nullpunkt. Wie ich später erfuhr, hatten sich 67 andere Mädchen um die drei verfügbaren Stellen als Hebamme beworben. Meine Chancen? Die sah ich plötzlich verschwinden wie ein Eiswürfel in der Sonne.

Trotzdem blieb ich tapfer und wartete geduldig ganze zwei Stunden, bis ich endlich an der Reihe war. Mit klopfendem Herzen und leicht zitternden Händen klopfte ich vorsichtig an die Tür und trat ein, als ich aufgefordert wurde. In dem Raum saßen fünf Männer und Frauen in weißer oder grüner Arbeitskleidung, die mich teils freundlich, teils grimmig oder auch gelangweilt anstarrten. Ich stellte mich vor, reichte jedem die Hand und versuchte, so selbstsicher wie möglich zu wirken – auch wenn mein Inneres eher einem aufgescheuchten Huhn glich. Das Vorstellungsgespräch begann, und die Fragen kamen Schlag auf Schlag: Warum wollte ich Hebamme werden? Wie bin ich auf diesen Beruf gekommen? Und so weiter und so fort. Ich gab mein Bestes, um überzeugend zu sein, auch wenn mein Herz dabei einen Marathon lief.

Doch dann stellte mir eine besonders ernst dreinschauende Dame in grüner Kleidung eine Frage, die mir das Blut in den Adern gefrieren ließ: „Wissen Sie, wer auf der Büste im Flur abgebildet ist?" Oh mein Gott, dachte ich, ich hatte zwar eine Büste gesehen, aber in meiner Aufregung hatte ich keine Sekunde darauf geachtet, wer das war! Mein Gehirn arbeitete auf

Hochtouren, aber mir fiel nichts ein. Also entschied ich mich für die Wahrheit – was in solchen Situationen vielleicht nicht immer die klügste Wahl ist: „Es tut mir leid, ich habe die Büste zwar gesehen, aber ich habe in meiner Aufregung nicht darauf geachtet, wer es ist." Zu meiner Überraschung lachten sie alle, und die strenge Dame erklärte mir dann, dass es Ignaz Philipp Semmelweis sei. Puh, dachte ich, den kenne ich doch! Also sagte ich: „Ich weiß, wer er war! Ein ungarischer Arzt und Wissenschaftler, der entdeckte, dass das Wochenbettfieber durch das Händewaschen und das Desinfizieren drastisch reduziert werden konnte. Er ist als ‚Retter der Mütter' bekannt geworden, weil er darauf bestand, dass seine Studenten nach der Pathologie die Hygienevorschriften einhalten." Meine Antwort schien zu gefallen, denn sie lächelten alle zufrieden.

Doch das Schicksal hatte noch eine weitere Hürde für mich parat: „Wenn wir Sie nicht als Hebamme annehmen, würden Sie dann Krankenschwester werden?" fragte die strenge Dame. Oh je, dachte ich, das ist eine Fangfrage! Wenn ich jetzt ehrlich bin, könnte das meine Chancen endgültig ruinieren. Aber wie sagt man so schön? Ehrlich währt am längsten. Also antwortete ich wahrheitsgemäß: „Nein, ich möchte Hebamme werden und nicht Krankenschwester, denn ich habe mich dem Leben verschrieben. Natürlich gibt es auch für Hebammen schwere und traurige Momente, aber ich bin fest davon überzeugt, dass der

Großteil meiner Arbeit wunderschön sein wird." In dem festen Glauben, damit mein eigenes Schicksal besiegelt zu haben, trat ich den Heimweg an. Todunglücklich, aber ich war wenigstens mir selbst treu geblieben.

Jetzt begann für mich die Suche nach einem neuen Ziel. Lehrerin wollte ich nicht mehr werden, Hebamme konnte ich nicht werden – also was nun? Die Wochen verstrichen, und mir wollte einfach nichts einfallen. Meine Gedanken drehten sich im Kreis wie ein Karussell, das nicht zum Stillstand kommen wollte. Dann, in der Woche vor der Zeugnisausgabe am Ende der neunten Klasse, schreckte mich eine Durchsage aus dem Lautsprecher auf: „Bitte sofort zum Direktor!" Oh nein, dachte ich, was habe ich jetzt wieder angestellt, ausgefressen, verzapft? Wann war ich schon einmal zum Direktor gerufen worden? Mein Kopf war ein einziges Durcheinander aus Schuldgefühlen und Angst. Als ich im Büro des Direktors ankam, musste ich erst einmal warten – die längsten Minuten meines Lebens. Dann durfte ich endlich eintreten. Der Direktor blickte mich streng an, was mein Herz fast zum Stillstand brachte, und dann – plötzlich – lächelte er. Ein lächelnder Direktor? Das konnte nur etwas Gutes bedeuten!

„Herzlichen Glückwunsch", sagte er und reichte mir die Hand, „Sie wurden an die Fachhochschule für Gesundheitsberufe als Hebamme delegiert." Ich starrte ihn an, als hätte er mir gerade gesagt, dass ich den Nobelpreis gewonnen habe. Und dann passierte es: Ich sprang durch den Raum, tanzte, lachte und weinte – alles gleichzeitig! Zu Hause war der Jubel ebenso groß, denn keiner hatte mehr damit gerechnet, dass mein Traum noch wahr werden könnte.

2.Kapitel

Bis zum Beginn des Studiums war es noch eine ganze Weile hin. Jetzt musste ich erst einmal die zehnte Klasse überstehen – was mir allerdings ohne größere Probleme gelang, schließlich hatte ich meine Ausbildungsstelle, meine erste Wahl, in der Tasche. Viele meiner Mitschüler hatten entweder keine Ahnung, was sie werden wollten, oder sie erhielten nur Absagen. Im Vergleich dazu fühlte ich mich wie ein Glückspilz im Märchen. Es kam dann tatsächlich noch eine Zusage für das Lehramtsstudium, aber diese habe ich mit einem breiten Lächeln abgelehnt.

Nach einem endlos erscheinenden Jahr in der Schule und den wohlverdienten Sommerferien der zehnten Klasse kam endlich der große Tag. Ich konnte es kaum glauben: Heute würde ich mein altes Leben hinter mir lassen und in mein neues Leben aufbrechen! Mit klopfendem Herzen und einem Koffer voller Hoffnungen und Träume stieg ich in den Zug und fuhr meinem Schicksal entgegen. Der Gedanke, dass mein großer Traum nun tatsächlich wahr werden sollte, war fast zu schön, um wahr zu sein. Doch die

Realität sollte mir schon bald einen Dämpfer verpassen.

Die ersten beiden Tage waren als Kennenlerntage geplant, in denen wir alles Wichtige erfahren sollten. Ich war gespannt und vielleicht auch ein bisschen nervös, was mich erwarten würde. Man sagte mir, dass ich im Internat direkt neben der Schule wohnen würde. Das klang zunächst gar nicht so schlecht – bis ich ankam und die Wahrheit mit eigenen Augen sah. Das Grauen! So sollte mein Leben in den nächsten drei Jahren aussehen? Ein Dreibettzimmer, in dem ich mit zwei anderen Mädchen hausen würde, und ein Waschraum, der mit zehn Mädchen geteilt werden musste. Eine einzige Toilette, eine Dusche und drei Waschbecken – das alles für zehn Personen? Das konnte doch nicht ernst gemeint sein! Und dann war da noch die Tatsache, dass ich weit weg von zu Hause war, von dem Ort, an dem ich mich sicher und geborgen fühlte. Ich war ja schon im Ferienlager ein emotionales Wrack, und nun sollte ich das drei Jahre lang durchhalten?

Ein winziger Lichtblick in diesem Desaster war die Tatsache, dass ich zumindest eine Bekannte unter meinen neuen Mitstreiterinnen hatte. So fühlte ich mich nicht ganz so verloren. Doch dieser Lichtblick wurde schnell von den Schatten der Realität überdeckt, als ich den Rest des Internats entdeckte. Auf der ganzen Etage gab es nur eine Küche für etwa 120 Mädchen. Die großen 4 Kühlschränke waren mit vielen kleinen Fächern ausgestattet, für jede von uns eines. Doch das Problem war: Die meisten dieser Fächer waren aufgebrochen und sahen aus, als hätten sie schon bessere Tage gesehen. Das alles wirkte auf mich so einladend wie ein kalter Wintermorgen ohne warme Decke. Ich konnte kaum glauben, dass dies mein Zuhause für die nächsten Jahre sein sollte.

Nach diesen zwei Begrüßungstagen fuhr ich völlig entmutigt und desillusioniert nach Hause. Kaum hatte ich die Türklinke unseres Hauses in der Hand, brach ich in Tränen aus. Ich wollte einfach nicht wieder zurück in dieses Internat, die bloße Vorstellung erschreckte mich zutiefst. Meine Eltern, die mich in- und auswendig kannten, zeigten Verständnis für meine Ängste und Sorgen. Doch sie waren auch klug: Sie verhandelten mit mir und nahmen mir das Versprechen ab, bis Weihnachten durchzuhalten. Sollte ich dann immer noch so denken, dürfe ich das Studium abbrechen und etwas anderes machen. Schließlich, so sagten sie, sollte ich meine berufliche Laufbahn nicht von zwei miesen Tagen abhängig machen. Vier Monate durchhalten? Oh je, das klang leichter gesagt als getan. Und siehe da, als Weihnachten endlich kam, war das Thema Aufhören längst vergessen. Tatsächlich hatte ich mich nicht nur eingelebt, sondern war sogar ein bisschen stolz darauf, die Herausforderung gemeistert zu haben. Manchmal braucht es eben nur ein bisschen Durchhaltevermögen – und

Eltern, die genau wissen, wann sie einen liebevoll in die richtige Richtung schubsen müssen.

Meine Ausbildung verlief in Blöcken von je vier Wochen, immer im Wechsel zwischen Praxis und Theorie. Mit der Praxis hatte ich von Anfang an überhaupt keine Probleme, im Gegenteil, sie machte mir unheimlich viel Spaß und ich freute mich schon immer unbändig auf den nächsten Praxisblock. Endlich konnte ich das tun, wovon ich so lange geträumt hatte! Die Theorie hingegen? Das war eine ganz andere Geschichte. Daran hatte ich wirklich zu knabbern. Nächtelanges Lernen war angesagt, vor allem, weil wir eine ganze Reihe an (un)wichtigen Fächern hatten, die ich nie wieder brauchen würde – zumindest hoffte ich das. Zehn Stunden pro Woche Marxismus/Leninismus oder Sozialistisches Recht? Wirklich? Ich hätte lieber mehr Zeit in die wirklich wichtigen Fächer wie die Theorie der Geburtshilfe und Neonatologie investiert. Aber das Leben ist nun mal kein Wunschkonzert, wie ich schnell lernen musste.

Im Fach Neonatologie, einem Spezialbereich der Kinder- und Jugendmedizin, beschäftigten wir uns mit allen typischen Erkrankungen von Neugeborenen und der Behandlung von Frühgeborenen. Dieses Fach war wirklich faszinierend, und ich hätte gerne viel mehr darüber gelernt. Aber stattdessen wurde ich mit trockenen politischen Theorien bombardiert, die ich ein paar Jahre später garantiert nicht mehr brauchen würde – und das ahnte ich damals schon! Stures Auswendiglernen war nie mein Fall, und so quälte ich mich durch diese theoretischen Blöcke wie eine Schnecke im Galopp. Was soll ich sagen? Es war alles andere als leicht.

Freitags hatten wir besonders lange Unterricht, manchmal bis 22 Uhr. Am Nachmittag ging es in die Neonatologische Kinderklinik, wo wir im Hörsaal Unterricht hatten. Diese Stunden waren für mich ein Highlight, denn sie verbanden Theorie und Praxis auf eine Weise, die ich wirklich mochte. Nach der Theorie gingen wir immer auf die Stationen zur Fallbesprechung. Dort verstand ich plötzlich vieles viel einfacher. Das war der Stoff, der mich interessierte, der mich fesselte und den ich mit Begeisterung aufsog.

3.Kapitel

Zu meinem großen Glück startete meine Ausbildung mit einem Praxisblock – und das war wirklich ein Glücksfall! Anstatt sofort in staubige Bücher und endlose Theoriestunden einzutauchen, durften wir direkt in die Praxis. Während des ersten Jahres bekamen wir die Chance, jede Station kennenzulernen, die auch nur entfernt etwas mit Frauen oder Kindern zu tun hatte. Es fühlte sich ein bisschen an, wie eine abenteuerliche Entdeckungstour, bei der wir nicht nur die verschiedenen Abteilungen erkundeten, sondern auch jede Menge Praxiserfahrung sammelten.

Ob Wochenbettstation, Kinderklinik, operative Station oder gynäkologische Ambulanz – überall schnupperten wir hinein und bekamen einen Vorgeschmack darauf, was uns später erwarten würde. Jeder Tag brachte neue Herausforderungen, spannende Erlebnisse und die Gewissheit: Hier gibt es keine Langeweile, sondern das echte Leben!

Meine erste Station war die sogenannte konservative Station, auf der Frauen lagen, die Entzündungen hatten oder kleinere Operationen hinter sich brachten. Schon am ersten Tag spürte ich: Hier bin ich richtig! Genau das ist es, was ich will! Natürlich waren wir Schülerinnen für die vielen ungeliebten Arbeiten zuständig: Küche aufräumen, Betten machen, Flur wischen, Bettpfannen leeren – ihr wisst schon, die Aufgaben, bei denen man wirklich glänzen konnte.

Doch gleich in meiner ersten Woche auf dieser Station erlebte ich eine dramatische Situation, die mir noch lange in Erinnerung bleiben sollte. Da ich erst 17 Jahre alt war, gab es eine kleine Hürde: Ich durfte nur Spät- und Nachtdienst machen, wenn meine Eltern dafür schriftlich ihr Okay gaben. Natürlich war das für mich eine große Sache, denn die spannendsten und lehrreichsten Erlebnisse versprach ich mir genau in diesen Schichten. Schließlich sind da nicht so viele Schwestern und Schülerinnen im Dienst, und ich hätte die Chance, mehr zu sehen und zu lernen. Also machte ich mich daran, meine Eltern zu überzeugen. Mit all meinem jugendlichen Eifer, den ich aufbringen konnte, argumentierte ich: ‚Wenn ich diese Schichten machen darf, lerne ich viel mehr und kann später eine richtig gute Hebamme werden!' Ich muss sagen, das war mein erster Erfolg als Verhandlungsexpertin – meine Eltern waren tatsächlich überzeugt. Also setzten sie ihre Unterschrift unter die Genehmigung, und ich durfte bereits zu Beginn meiner Ausbildung in den Spät- und Nachtdienst schnuppern.

Es war also mein erster Spätdienst, und es klingelte in einem der Vierbettzimmer. Meine Aufgabe als Schülerin war es, hinzugehen und zu fragen, was gewünscht wird. Als ich das Zimmer betrat, sahen mich drei aufgeregte Frauen an und sagten, ich solle doch bitte nach der vierten Frau sehen, da stimme etwas nicht. Mein Herz setzte einen Schlag aus, als ich zu dem betreffenden Bett ging. Sofort sah ich: Hier stimmte etwas ganz und gar nicht. Die Frau war tot. Meine Gedanken rasten, doch ich handelte mechanisch, fast wie in Trance. Ich bat die anderen Frauen, im Zimmer zu bleiben, machte das Bett los und schob es mit der Verstorbenen auf den Flur, während ich laut um Hilfe rief. Die diensthabenden Schwestern kamen beim Klang meiner verzweifelten Stimme sofort herbeigelaufen. Sie bestätigten meinen Verdacht und übernahmen das weitere Vorgehen.

Ich half so gut ich konnte, auch wenn meine Möglichkeiten natürlich begrenzt waren. Trotzdem gab ich mein Bestes und versuchte, ruhig und gefasst zu bleiben, obwohl mein Inneres schrie. Der Oberarzt hörte später von meinem Verhalten und sorgte dafür, dass ich sicher mit dem Krankenwagen ins Internat zurückgebracht wurde. Das war sehr nett von ihm, denn ich hätte nach diesem für mich bis heute einmaligen Vorfall nicht gerne alleine nachts an der Bushaltestelle gestanden. Dieses Erlebnis hat mich nachhaltig geprägt. Es war mein erster intensiver Kontakt mit dem Tod und gab mir einen tiefen Einblick in die Realität der Krankenpflege. Die Frau hatte eine Lungenembolie erlitten, dass ist ein Verschluss einer oder mehrerer Lungenarterien, oft aufgrund eines eingeschwemmten Blutgerinnsels. Dieser Vorfall ließ mich noch lange nicht los, und ich habe so manchen schlimmen Traum davon durchlitten.

4.Kapitel

Einer meiner Mitschülerinnen habe ich es zu verdanken, dass ich während meiner Zeit auf der Entbindungsstation nur noch als „Gretel" bekannt war. Es begann alles an meinem ersten Tag auf der Station, als diese besagte Mitschülerin auf die glorreiche Idee kam, mir vor Dienstbeginn einen speziellen Zopf zu flechten. Zu dieser Zeit reichten meine Haare bis zur Hüfte, und sie entschied sich, mir zwei Zöpfe zu flechten und diese kunstvoll als Kranz um meinen Kopf zu legen. Mit dieser neuen Frisur sah ich aus, als wäre ich geradewegs aus einem alten deutschen Heimatfilm der frühen 50er Jahre entsprungen. Als ich also stolz mit dieser Frisur auf der Station erschien und mich bei der Stationsleitung vorstellte, konnte sich der Stationsarzt, der natürlich darauf bedacht war, dass alle es hören konnten, nicht zurückhalten: ‚Du siehst ja aus wie die Gretel von der Alm!‘ Und zack, der Spitzname war geboren. Von da an war ich für alle nur noch ‚Gretel‘ – selbst die Patientinnen nannten mich so. Aber ich nahm es mit Humor, schließlich gefiel mir die Frisur außerordentlich gut. Manchmal muss man eben Opfer bringen, auch wenn es nur der eigene Name ist!

Das gesamte erste Studienjahr durften wir den Kreißsaal nicht einmal von innen sehen. Stattdessen mussten wir uns erst durch den Rest des Spektrums arbeiten. Diese Zeit war dennoch unheimlich wichtig und prägend für mich, auch wenn ich immer wieder sehnsüchtig zum Kreißsaal hinüberschielte. Die verschiedenen Stationen kennenzulernen, war ein wesentlicher Teil meiner Ausbildung zur Hebamme. Doch schnell stellte ich fest: Ich bin ein Praktiker durch und durch, ein Theoretiker werde ich wohl nie. Die Theorie blieb für mich ein ständiger Kampf, und dass trotz stundenlangen und nächtelangen Lernens. Erst in der Praxis machte plötzlich vieles Sinn, was ich vorher nur mühsam auswendig gelernt hatte. Jedes Mal, wenn ein Theorieblock bevorstand, konnte ich es kaum erwarten, wieder in die Praxis zurückzukehren.

Dort fühlte ich mich wohl, dort gehörte ich hin. Das war genau das, was ich wollte, dort war ich zu Hause!

Lehrjahre sind keine Herrenjahre, sagt man so schön, und ich musste diese bittere Wahrheit am eigenen Leib erfahren. Doch eines habe ich dabei gelernt: Wenn ich ein Lächeln im Gesicht meiner Patientinnen sah, dann war all der Stress, die Mühe und das gelegentliche Zweifeln vergessen. Diese Momente entschädigten mich für vieles und gaben mir die Kraft, weiterzumachen.

Ich erinnere mich noch genau an den ersten Satz, den man uns in der allerersten Stunde an der Fachhochschule sagte: ‚Sie sind die Stars an dieser Schule, meine Damen, und ich möchte, dass Sie sich dementsprechend verhalten!‘ Meine Güte, dachte ich, geht es noch hochtrabender? Ich fühlte mich doch nicht besser als eine Physiotherapeutin oder eine Diätköchin. Ein Star? Wirklich nicht! Und als wäre das nicht schon genug, kam gleich der zweite Satz, der mich endgültig auf den Boden der Tatsachen zurückholte: ‚Diesen hässlichen Pullover mit den ausgeleierten Ärmeln möchte ich nicht noch einmal an Ihnen sehen, Fräulein.‘ Na großartig, dachte ich, die hat es auf mich abgesehen. Und so war es dann auch. Wir fanden einfach keinen Draht zueinander.

5.Kapitel

Doch irgendwann kam endlich der lang ersehnte Tag: Wir durften zum ersten Mal in den Kreißsaal. Es war eine Geburt angekündigt, und wir sollten dabei zusehen dürfen. Damals war alles noch ganz anders als heute: Wir mussten uns umziehen, die Schuhe wechseln, eine Mütze aufsetzen und einen Mundschutz tragen und uns gründlich die Hände waschen und bürsten, bevor wir den Kreißsaal betreten durften. Diese Mütze war für uns Schülerinnen etwas ganz Besonderes, zeigte sie doch, dass wir nun zum inneren Kreis des Kreißsaales gehörten. Auf den anderen Stationen trugen wir Hauben, doch die Mütze im Kreißsaal war wie eine Krone – und das nahm ich wohl etwas zu wörtlich. Meine Oberhebamme war alles andere als begeistert davon, dass meine Mütze immer wie eine Krone auf meinem dicken Dutt aus geflochtenen Haaren thronte. Sie meinte einmal tatsächlich zu mir, ich solle doch ein bisschen an die Mütze anstricken, damit meine Haare besser bedeckt wären. Aber ich ignorierte diese Aufforderung einfach – und nach zwei weiteren Ermahnungen gab sie schließlich auf. Manchmal zahlt es sich eben aus, stur zu bleiben!

Doch nun zurück zu meinem ersten Kreißsaalbesuch: Es war eine sehr schwierige Geburt, eine sogenannte Forceps- oder Zangengeburt, bei der wir zusehen durften. Dabei wird mit einem großen, pinzettenartigen Instrument der Kopf des Babys umfasst und dann während der Wehe mitgezogen, während die Mutter mitschiebt. Ich war so ergriffen von dem, was ich sah, dass ich Tränen in den Augen hatte. Es war einfach wunderschön, und ich bewunderte sowohl die Frau, die diese unglaubliche Leistung vollbrachte, als auch die Hebamme, die sie dabei unterstützte. In diesem Moment wollte ich meine Emotionen unbedingt mit der Schülerin neben mir teilen, doch als ich mich umdrehte, stand sie nicht mehr da – sie lag auf dem Boden, sie war in Ohnmacht gefallen.

Von den acht Hebammenschülerinnen, die in den Kreißsaal kamen, gingen nur drei aufrecht wieder hinaus. Die anderen mussten geschoben werden, weil sie entweder ohnmächtig geworden waren oder ihnen übel war. Ich konnte die anderen Mädels nur bedauern. Wie konnte man nur einen so bedeutsamen Moment verpassen? Man stelle sich das einmal vor: Sie wollen Hebamme werden und fallen bei einer Geburt in Ohnmacht! Aber man muss bedenken, dass keine von uns je zuvor eine Geburt live gesehen hatte. Im Fernsehen wurde so etwas nicht gezeigt, und YouTube oder Facebook gab es noch lange nicht. Für mich war dieser Tag unvergesslich, und mein Entschluss stand fester als je zuvor: Ich werde diese Ausbildung schaffen und Hebamme werden! Ich wollte diejenige sein, die Mutter und Kind in diesen letzten, entscheidenden Stunden der Schwangerschaft begleitet. Der Kreißsaal wurde für mich zu einem Ort, an dem ich mich unheimlich gerne aufhielt, denn dort fand ich alles, was ich suchte: Spannung, Faszination und den unerschütterlichen Glauben daran, dass ich genau hier hingehörte.

6.Kapitel

Am Wochenende war der Kreißsaal während der Nachtschicht immer die Anlaufstelle für alle gynäkologischen Notfälle. Und wenn ich sage „immer", dann meine ich wirklich immer. Es war unglaublich spannend und zugleich manchmal auch leicht surreal, was man da alles zu sehen bekam. Einer meiner denkwürdigsten Nachtdienste ereignete sich an einem dieser Wochenenden. Es wurde ein gynäkologischer Notfall angekündigt, und ich erwartete wie meist das Übliche – doch was dann in den Kreißsaal geschoben wurde, ließ mich vor Staunen fast meinen Mundschutz verschlucken.

Auf der Trage lag nämlich nicht eine, sondern gleich zwei Personen, komplett unter einem Laken verborgen. Es stellte sich heraus, dass es sich um ein verliebtes Pärchen handelte, das beim gemeinsamen Liebesspiel leider eine besonders unangenehme Erfahrung machen musste: Das Mädchen hatte einen Scheidenkrampf bekommen, und die beiden waren immer noch auf denkbar intime Weise miteinander verbunden. Es war ihnen natürlich furchtbar peinlich, und ich gebe zu, wir jungen Leute hatten Mühe, unser Lachen zu unterdrücken. Es war höchst unprofessionell, aber wir waren jung und die Situation war einfach zu skurril.

Unser Arzt, dem die Situation ebenfalls nicht entging, bot dem Pärchen zwei Möglichkeiten an – und selbst er musste sich das Lachen verkneifen, während er vor Anstrengung rot anlief. Entweder, sagte er, wir warten, bis sich der Krampf von selbst löst, was allerdings einige Zeit dauern könnte, oder es gibt eine Spritze, die das Problem in wenigen Minuten beheben würde. Natürlich entschieden sich die Beiden für die Spritze. Nachdem der Krampf sich gelöst hatte und der junge Mann eingehend untersucht worden war – es waren Gott sei Dank keine bleibenden Schäden zu sehen – durften die Beiden wieder nach Hause gehen. Aber das Ganze war noch lange das Gesprächsthema im Kreißsaal und sorgte für unzählige Momente der Heiterkeit. Um es kurz zu machen: Wir lachten uns jedes Mal Tränen, wenn das Thema wieder aufkam.

In dem Kreißsaal, in dem ich lernte, hatten wir schon damals Lachgas für die Frauen unter der Geburt. Natürlich konnten wir Schülerinnen nicht widerstehen, das einmal selbst zu testen – rein aus wissenschaftlichem Interesse, versteht sich. Und was soll ich sagen? Es war herrlich! Für einen kurzen Moment fühlte man sich, als würde man über den Flur schweben. Eine kleine Auszeit vom Stationsstress, könnte man sagen. Dieses Gefühl werden wir nie vergessen … ebenso wenig wie den Ärger, der danach folgte.

Unsere leitende Hebamme war absolut nicht amüsiert. Nicht einmal unsere wirklich brillante Ausrede, dass wir ja wissen müssten, wie die Medikamente wirken, überzeugte sie. Stattdessen bekamen wir eine *besondere* Lektion in Reinigungskunde: Mit einer Rasierklinge sollten wir die Waschbecken im Kreißsaal von Kalk befreien. Und ich sage bewusst *die* Waschbecken, denn es waren ganze elf Stück!

Diese Strafarbeit zog sich über mehrere Tage, und wir hatten mehr als genug Zeit, über unser Verhalten nachzudenken – und uns zu überlegen, ob der schwebende Moment das wirklich wert war.

Viele Jahre später traf ich diese leitende Hebamme bei einer Veranstaltung wieder. In der entspannten Atmosphäre der abendlichen Vergnügungen nach den Vorlesungen erzählte sie mir mit einem schelmischen Grinsen, dass sie selbst als junge Hebammenschülerin noch ganz andere Dinge verzapft hatte. Sie und ihre Kolleginnen hatten sich tatsächlich gegenseitig beruhigende, entkrampfende Medikamente gespritzt, um deren Wirkung auszuprobieren. Und das war natürlich viel schlimmer als unser Lachgas-Experiment. Lachgas wirkt nämlich nur so lange man es einatmet, also nur einen kurzen Moment, während das gespritzte Medikament bis zu vier Stunden anhält. Sie waren also für den Rest ihrer Schicht kaum noch diensttauglich. Wie sich herausstellte, war sie in ihrer Jugend also deutlich schlimmer gewesen als ich!

Natürlich bin ich im Laufe meiner Ausbildung das eine oder andere Mal mit Anlauf in ein Fettnäpfchen getreten – meistens durch reine Unwissenheit. Besonders bei der Anamnese, die wir bei jeder Frau bei der Aufnahme im Krankenhaus erheben mussten, war die Gefahr groß. Unsere Aufgabe war es, haargenau das aufzuschreiben, was die Frauen uns erzählten. Klingt einfach? Ha! Nicht, wenn man als ahnungslose Schülerin medizinische Begriffe nur halb versteht und alles noch handschriftlich auf vorgefertigten Bögen festgehalten werden muss.

Eines Tages saß ich mit einer Frau, die mir sehr ernst berichtete, sie habe einmal eine *„Tigerkopffraktur"* gehabt. Da ich dieses exotische Leiden noch nie gehört hatte – aber natürlich nicht ungebildet wirken wollte – schrieb ich es genauso auf. „Tigerkopffraktur", dachte ich, das klingt irgendwie… gefährlich. Vielleicht ein Unfall mit einem Raubtier? Wer weiß!

Ein paar Stunden später klärte mich eine Kollegin lachend auf: Die gute Frau meinte keine *„Tigerkopffraktur"*, sondern eine *„Tibiakopffraktur"* – einen Bruch des Schienbeinkopfes am Knie. Ups. Natürlich blieb dieser Fehler nicht unbemerkt.

Die Stationsschwester, immer mit einem Auge auf uns Azubis, machte sich einen Riesenspaß daraus. Sie führte ein kleines Notizbuch, das sie wie einen Schatz in ihrer Kitteltasche mit sich herumtrug. Dieses Buch war gewissermaßen die *Hall of Fame* unserer peinlichsten Ausrutscher. Ob falsche Diagnosen, missglückte Formulierungen oder schlicht lustige Missverständnisse – alles wurde akribisch festgehalten.

Und damit nicht genug: Bei gemeinschaftlichen Frühstücken oder Teepausen kam dieses Buch regelmäßig zum Einsatz. In fröhlicher Runde las sie unsere größten Schnitzer vor. Das war nicht nur unglaublich peinlich, sondern sorgte auch für schallendes Gelächter bei allen Anwesenden.

Trotzdem – oder gerade deshalb – habe ich aus solchen Momenten viel gelernt. Zum Beispiel, dass es manchmal besser ist, einfach zu fragen, als etwas klangvoll falsch aufzuschreiben. Und dass es keine Tigerkopffraktur gibt. Leider.

Mein Spezialgebiet im sich-doof-Anstellen war aber das „Anbrennenlassen" von Urinkathetern. Der Nachtdienst war für das Auskochen der Urinkatheter zuständig. Wir hatten dafür einen speziellen, flachen Topf, in dem die Katheter nach dem Reinigen mit etwas Wasser auf den Herd gestellt wurden, um sie auszukochen. Und ich? Ich vergaß diesen Topf gerne mal, bis es im ganzen Kreißsaal nach verbranntem Gummi stank. Erst dann fiel es mir wieder ein. Wie oft ich dafür einen Anranzer bekam und Strafarbeiten erledigen musste, kann ich nicht mehr zählen. Mir wurde sogar angedroht, mir die Kosten für neue

Katheter vom Gehalt abzuziehen – glücklicherweise wurde diese Drohung nie in die Tat umgesetzt.

7.Kapitel

Während meiner Ausbildungszeit, meiner Arbeit im Krankenhaus und auch in meiner freiberuflichen Tätigkeit bin ich nicht nur schönen, sondern auch sehr schwierigen Momenten begegnet. Es gab Ereignisse, die so furchtbar waren, dass sie mich bis heute beschäftigen und sich nur schwer in Worte fassen lassen. Diese Erlebnisse haben sich tief in mein Herz eingebrannt, und sie gehören zu den Schattenseiten meines Berufs, über die ich nur ungern spreche. Nicht, weil ich sie verdrängen möchte, sondern weil sie für mich schwer zu verarbeiten sind und sich eigentlich nicht für die Öffentlichkeit eignen.

Doch die Realität ist: Solche Momente gehören zu meinem Beruf genauso dazu wie die freudigen Augenblicke. Leben und Tod sind untrennbar miteinander verbunden, und als Hebamme stehe ich genau an dieser Schwelle. In einem Moment darf ich das Wunder des Lebens feiern, im nächsten muss ich vielleicht Abschied nehmen – eine Verantwortung, die nicht nur große Stärke, sondern auch tiefes Mitgefühl erfordert.

Manchmal war es so, als würde die Welt um mich herum für einen Moment stillstehen. Es ist schwer zu beschreiben, wie es sich anfühlt, die Hoffnung in einem Raum schwinden zu sehen oder eine Familie in ihrer tiefsten Trauer zu begleiten. Solche Momente reißen einen aus der Routine und hinterlassen Spuren, die ein Leben lang bleiben.

Trotz all der Belastung weiß ich, dass auch diese Erfahrungen ein Teil meiner Arbeit sind. Sie erinnern mich daran, wie wertvoll das Leben ist, wie zerbrechlich es sein kann – und wie wichtig es ist, jede einzelne Geburt mit Dankbarkeit und Demut zu erleben. Gleichzeitig haben sie mich gelehrt, achtsam mit mir selbst zu sein und auch meine eigenen Grenzen zu respektieren.

Auch wenn diese dunklen Stunden schwer zu ertragen waren, habe ich darin eine leise, tiefe Stärke gefunden. Die Stärke, weiterzumachen, für die Frauen und Familien da zu sein – und auch für mich selbst. Es ist ein schmaler Grat zwischen Belastung und Bereicherung, aber ich habe gelernt, ihn zu gehen, weil ich meinen Beruf und die Menschen, die ich begleite, von Herzen liebe.

Doch nun weiter mit den wundervollen Seiten meines Berufes!

8.Kapitel

Meine erste selbst geleitete Geburt ist mir bis heute lebhaft in Erinnerung, und ich werde sie wohl niemals vergessen – wahrscheinlich, weil sie alles andere als gewöhnlich verlief. Es war im zweiten

Studienjahr, und wir waren nun während der Praxis-
blöcke ausschließlich im Kreißsaal tätig. Ich hatte mal
wieder Nachtdienst, was mittlerweile fast schon Routine war, dachte ich zumindest. Die Pforte rief an und
kündigte eine Schwangere mit Wehen an – nichts Ungewöhnliches, aber immer aufregend. Es war damals
so üblich, dass die Frauen nachts von uns an der
Pforte abgeholt wurden. Niemand sollte schließlich
nachts allein durch die langen, dunklen Kranken-
hausgänge laufen, das war uns schon allein aus Sicherheitsgründen wichtig. Die erfahrene Hebamme,
mit der ich in dieser Nacht Dienst hatte, riet mir, sicherheitshalber eine Trage mitzunehmen. Vielleicht
hatte sie eine Art sechsten Sinn für solche Situationen,
denn ich wäre wohl einfach so zur Pforte gegangen.
Also schnappte ich mir die Trage und machte mich
auf den Weg – der Kreißsaal lag schließlich im oberen
Stockwerk.

Unsere Klinik war ein sehr, sehr altes Gebäude, in
dem die Zeit gefühlt stehengeblieben war. Die Technik war teilweise antik – dazu gehörte auch der uralte
Fahrstuhl, den ich an diesem Abend benutzen
musste. Dieser Fahrstuhl war ein wahres Relikt: Eine
schwere Metalltür mit einem schmalen, vergitterten
Fenster, dahinter eine Gittertür, die man aufschieben
musste, bevor man den Fahrstuhl betreten konnte.
Drinnen musste man zuerst die Metalltür schließen,
dann die Gittertür zuschieben und einrasten lassen.
Schließlich gab es einen großen Hebel, den man auf

die gewünschte Etage einstellen musste – fast wie in einem alten Film aus den 50er Jahren. Der Fahrstuhl setzte sich mit einem Ruck und unter lautem Knirschen und Rattern in Bewegung.

Als ich unten bei der Pforte ankam, sah ich eine Schwangere, die bereits sehr starke Wehen hatte. In diesem Moment war ich unglaublich dankbar, dass ich die Trage dabeihatte – die Frau sah aus, als könnte es jeden Moment losgehen. Schnell legte ich sie auf die Liege, denn mir war klar: Jetzt musste alles ganz schnell gehen. Sie presste bereits mit jeder Wehe, und ich wusste, dass wir keine Zeit zu verlieren hatten. Also eilte ich mit der Trage zum Fahrstuhl, schloss die Türen, stellte den Hebel auf die obere Etage und hoffte, dass wir es rechtzeitig schaffen würden.

Der Fahrstuhl setzte sich ratternd in Bewegung, und ich versuchte, der werdenden Mutter zu versichern, dass alles in Ordnung sei. Doch dann passierte das Unvorstellbare: Mit einem lauten Knacken und Rucken blieb der Fahrstuhl plötzlich stehen – mitten zwischen zwei Etagen. Nichts ging mehr. Aus! Ende! Stillstand! Die metallene Kiste, in der wir steckten, war unser Gefängnis, und ich fühlte mich plötzlich so hilflos wie noch nie zuvor.

Die Mutter schaute mich mit weit aufgerissenen Augen an und fragte ängstlich, warum wir stehen geblieben waren. Was sollte ich ihr sagen? „Oh, wir machen nur eine kleine Pause?" Natürlich nicht. Ich versuchte, meine eigene Panik zu unterdrücken und drückte wie verrückt auf den Notrufknopf, in der Hoffnung, dass uns jemand hörte. Währenddessen presste die Frau weiter in jeder Wehe und erklärte mir, dass das Kind jetzt kommen würde – sie wüsste es genau, es war schließlich ihr drittes Kind. Sie wusste also, wovon sie sprach, und ich wusste, dass ich mich auf das kommende Ereignis gefasst machen musste.

Endlich hörte uns jemand und schaffte es, die Metalltür von außen zu öffnen. Es war meine Mentorin, die sich vermutlich fragte, wo wir so lange geblieben waren. Sie sprach durch die Gittertür zu mir und gab mir klare Anweisungen: „Du musst die Frau untersuchen und feststellen, wie weit die Geburt fortgeschritten ist." Einfach gesagt, schwieriger getan – vor allem, wenn man in einem festsitzenden Fahrstuhl gefangen ist! Während ich der Frau aus ihrer Hose und Unterwäsche half, besorgte mir jemand Handschuhe und reichte sie durch die Gittertür hindurch. Die Frau lag auf der Trage und als ich untersuchte wurde mir klar: Das Baby war tatsächlich kurz davor, geboren zu werden. Meine Mentorin, die inzwischen auf dem Bauch vor dem Fahrstuhl lag, rief mir noch einmal zu: „Hab keine Angst, hilf der Frau so gut du kannst." Tja, leichter gesagt als getan – ich zitterte am ganzen Körper, aber ich wusste, dass ich keine Wahl hatte. Es war niemand da, der mir helfen konnte, also musste ich die Sache selbst in die Hand nehmen. Ich atmete noch einmal tief durch und dann konnte es los gehen.

Die nächste Wehe kündigte sich an, und ich sagte der Frau, sie solle Vertrauen haben und einfach mitschieben. Ich hatte schließlich schon viele Geburten gesehen – zwar nur als Beobachterin, aber das Wissen war immerhin da. Und dann geschah es: Zwei Wehen, und das Baby war geboren. Es schrie sofort kräftig, und in diesem Moment hätte ich vor Erleichterung laut jubeln können. Tränen liefen mir über die Wangen, so froh und erleichtert war ich. Meine Mentorin reichte mir durch die Gittertür alles, was ich brauchte, um das Baby abzunabeln und es warmzuhalten. Ich legte das Neugeborene der Mutter auf die Brust, und sie schien ebenso erleichtert wie ich. Nun musste nur noch die Nachgeburt (Placenta) geboren werden, was glücklicherweise ebenfalls ohne Komplikationen von statten ging.

Jemand rief mir die Uhrzeit zu – eine wichtige Information, die ich später für den Eintrag in das große Geburtenbuch brauchen würde. Wir mussten bei Dienstbeginn immer unsere Uhren und Schmuck ablegen, damit nichts im Weg war und keine Verletzungsgefahr bestand. Es durfte nur das Nötigste getragen werden, und da ich deshalb keine Uhr hatte, war ich auf die Hilfe meiner Kolleginnen angewiesen.

Nachdem ich das Zittern meiner Hände langsam unter Kontrolle bekommen hatte, blieb uns nur noch eines zu tun: Warten, bis der Techniker kam, um uns aus dem Fahrstuhl zu befreien. Das dauerte fast zwei Stunden – und das, obwohl ich inzwischen dringend auf die Toilette musste! Schließlich setzte ich mich auf den Boden neben die Trage und wartete mit der jungen Mutter mehr oder weniger geduldig auf den Mann im blauen Overall, der uns aus unserer misslichen Lage befreien würde.

Die Mutter lobte mich in den höchsten Tönen, sagte, ich hätte die Situation ganz toll gemeistert und wäre so ruhig und souverän geblieben. Da musste ich laut auflachen und gestand ihr, dass es meine erste selbst geleitete Geburt war. Sie strahlte mich an und meinte: „Wenn es ein Mädchen geworden wäre, hätte ich es nach Ihnen benannt." Aber der kleine Junge wurde Hans genannt – ein solider Name für ein Kind, das unter solch ungewöhnlichen Umständen das Licht der Welt erblickt hatte. Hans ist heute fast 40 Jahre alt, und ich hoffe, er erfreut sich immer noch an der Geschichte seiner Geburt im Fahrstuhl.

Als wir endlich aus dem Fahrstuhl befreit wurden, stand mir noch eine unheimlich bedeutende Aufgabe bevor: Ich durfte die Geburt dokumentieren. Das bedeutete, dass ich zum ersten Mal selbst in das große Geburtenbuch schreiben durfte – und natürlich wurde dort nur in Schönschrift geschrieben. Es war ein unglaublich erhebendes Gefühl, meinen ersten Eintrag vorzunehmen. In diesem Moment fühlte ich mich zum ersten Mal wie eine richtige Hebamme.

Dieses Erlebnis hat sich so tief in mein Gedächtnis gebrannt, dass ich heute noch lächeln muss, wenn ich daran denke. Und ja, ich bin immer noch mächtig stolz auf mich.

9.Kapitel

Es gab auch dramatische Erlebnisse während meiner Ausbildung, die sich unauslöschlich in mein Gedächtnis eingebrannt haben. Eines dieser Erlebnisse war so intensiv, dass es mir heute noch manchmal durch den Kopf geht, als wäre es gestern passiert. Ich hatte Spätdienst, und wir betreuten eine sehr komplizierte Geburt. Nach der Geburt ging es dem Baby nicht gut, und es musste intensiv medizinisch betreut werden. Doch als ob das nicht schon genug Stress war, verschlechterte sich auch noch der Zustand der Mutter. Sie blutete stark, und die Nachgeburt wollte einfach nicht geboren werden. Es musste schnell gehandelt werden, und glücklicherweise gelang es den Ärzten recht zügig, die Plazenta operativ zu gewinnen.

In unserer Rolle als Schülerinnen hatten wir die Aufgabe, die Nachgeburt auf Vollständigkeit zu prüfen – eine Routinearbeit, die normalerweise durch Sichtkontrolle erledigt wurde. Doch dieses Mal war nichts mehr normal, denn die Plazenta war nicht in einem Stück, sondern in mehreren Teilen. Das bedeutete, dass wir die sogenannte „Milchmethode" anwenden mussten. Bei dieser Methode legt man die Nachgeburt so gut es geht zusammen und schüttet

dann etwas Milch, Kaffeesahne oder Sahne darüber –
je nachdem, was gerade zur Hand ist. Dort, wo die
Plazenta vollständig ist, bildet sich ein milchiger
Schleier. An den Stellen, an denen etwas fehlt, bleibt
dieser aus. Als ich den Test durchführte, meldete ich
unverzüglich: „Plazenta unvollständig!" Natürlich
wurde einer Schülerin nicht einfach so geglaubt – das
wäre ja zu einfach gewesen. Also kam eine erfahrene
Hebamme hinzu, um sich selbst zu vergewissern. Zu
meiner Erleichterung bestätigte sie meine Beobachtung, und so begann die Prozedur von vorn. Diesmal
gelang es, alle Reste zu entfernen.

Während der weiteren Betreuung der Mutter, die
aus Blutdruckmessen, Kontrolle des Höhenstands der
Gebärmutter und allgemeiner Zustandsüberwa-
chung bestand, fiel mir auf, dass die Frau immer blas-
ser wurde. Als ich den Höhenstand der Gebärmutter
kontrollierte, entleerte sich plötzlich ein großer
Schwall Blut aus der Scheide. Das war der Moment,
in dem mein inneres Alarmsystem auf Hochtouren
lief – ich wusste, das war ernst. Ich schlug sofort
Alarm, denn so etwas bedeutet immer eine Kompli-
kation. Trotz all unserer Bemühungen gelang es uns
nicht, die Blutung unter Kontrolle zu bringen. Die
Frau musste erneut in den OP, und es wurden viele
Blutkonserven benötigt. Leider war nicht genug von
ihrer Blutgruppe vorrätig, sodass alle, die diese Blutgruppe hatten, aufgefordert wurden, Blut zu spen-
den.

Die Zeit im OP zog sich endlos hin, und die Anspannung war förmlich mit Händen zu greifen. Als Schülerin hatte ich bei dieser besonderen OP, die Aufgabe die Haken zu halten. Das bedeutete, dass ich als dritte Person am Op-Tisch stand. Die Arme wurden mir lahm und dann taub. Der Rücken tat weh und ich hatte das Gefühl es nicht mehr lange durch zu halten. Es nutzte nur nichts ich musst durchhalten, denn als dritter „Mann" ist man dafür zuständig den Bauch offen zu halten, damit die beiden Operateure ein gutes Sichtfeld haben und die OP voranbringen können. Nach gefühlten endlosen Stunden kam dann er erlösende Moment. Wir hatten die Blutung unter Kontrolle, aber es musste die Gebärmutter entfernt werden! Das war der Preis der gezahlt werden musst um das Leben der jungen Mutter zu retten. Es wurde eine extra Überwachende auf der Intensivstation benötigt, die sicherstellen sollte, dass es der Frau weiterhin gut geht. Ohne zu zögern, meldete ich mich freiwillig – es bedeutete zwar eine Doppelschicht, aber das war mir egal. Ich fühlte mich mit dieser Frau verbunden, hatte ich sie doch von Anfang an im Kreißsaal betreut. Es war mir wichtig zu wissen, dass sie über den Berg kommt.

Diese Nacht kam mir endlos vor, doch ich freute mich zu sehen, wie langsam wieder etwas Farbe in ihr Gesicht zurückkehrte. Am Morgen durfte ich ihr dann endlich ihr Baby in den Arm legen. Dafür war ich extra zur Frühgeborenenstation gelaufen und hatte regelrecht gebettelt, damit die Mutter ihr Kind endlich sehen konnte. Die Freude in ihren Augen war unbeschreiblich, und ich konnte meine Tränen kaum zurückhalten. Es war ein Moment, der all den Stress, die Anstrengung und die Angst dieser Nacht in den Hintergrund drängte – ein Moment, der mir zeigte, warum ich diesen Beruf so sehr liebe.

10.Kapitel

Nach dem zweiten Studienjahr konnte ich dann endlich auch in einer anderen Klinik arbeiten. Das war großartig, denn nun waren wir nur noch wenige Schülerinnen, und dadurch konnte man viel mehr erleben und noch mehr Geburten begleiten. Doch jede Medaille hat zwei Seiten: Die Oberhebamme dieser Klinik war in meinen Augen ein wahrer Drachen. Sie hatte immer etwas auszusetzen – nichts konnte man ihr recht machen. Aber man konnte auch unheimlich viel von ihr lernen, das muss man ihr lassen. Zum Glück hatte sie nur Frühdienst, sodass sich unsere Begegnungen in Grenzen hielten.

Dort erlebte ich auch mein erstes Weihnachten im Dienst – und das war wirklich eine merkwürdige Erfahrung. Der Spätdienst ist in dieser besonderen Zeit natürlich nicht beliebt, denn Weihnachten ohne die Familie, das war etwas völlig Neues für mich. Aber wir machten das Beste daraus. Normalerweise hatten zwei Hebammen und, wenn vorhanden, eine

Schülerin Dienst. Doch weil Weihnachten war, wurde alles ein bisschen anders gemacht. Es waren eine sehr erfahrene Hebamme und zwei Schülerinnen im Dienst – das Problem war nur, dass wir vom 23.12. bis zum Abend des 26.12. überhaupt nichts zu tun hatten. Keine Geburten, keine Notfälle – nichts. Der Kreißsaal wurde gründlich gereinigt, alle Schränke aufgefüllt, und dann kam der Moment, in dem die Langeweile langsam unerträglich wurde.

Die Wochenbettstation war nicht besetzt, da keine Schwangeren oder jungen Mütter da waren. Also saßen wir allein im Kreißsaal, während die diensthabenden Ärzte irgendwo anders beschäftigt waren, oder auch einfach in ihren Dienstzimmern saßen und sich langweilten. An Weihnachten ist der Kreißsaal traditionell mit dem Kochen dran, und an Silvester übernehmen das die Ärzte. Also überlegten wir uns, was wir Schönes kochen könnten, um es uns trotz Arbeit gemütlich zu machen. Natürlich besteht immer die Wahrscheinlichkeit, dass plötzlich eine Frau klingelt und man nicht einmal mehr zum Essen kommt, aber wir wollten es versuchen. Unsere Hebamme, eine Frau mit großen Herz, schenkte uns sogar ein kleines Weihnachtsgeschenk – Topflappen, die sie selbst gehäkelt hatte. Zum Glück hatte mich meine Mutter daran erinnert, auch für die Hebamme ein Geschenk mitzunehmen. Ich schenkte ihr einen neuen vierfarbigen Kugelschreiber, und sie war sichtlich gerührt. Ich war sehr froh, auf meine Mutter gehört zu haben.

Am Abend des 26.12. kam dann endlich eine Frau zur Einleitung in den Kreißsaal. Die junge Frau war sichtlich irritiert, als gleich drei Hebammen um sie herumschwirrten. Aber wir hatten endlich etwas zu tun und waren dankbar für die Ablenkung. Leider gibt es solche Umstände heute nicht mehr – und nicht einmal die 1:1-Betreuung kann wegen der jahrelangen verfehlten Gesundheitspolitik sichergestellt werden.

11.Kapitel

Der Hebammenberuf birgt natürlich auch Risiken und Gefahren für die eigene Person. Die körperliche Unversehrtheit der Hebamme wird bei einer Geburt oft missachtet – und das nicht, weil jemand absichtlich grob wird, sondern schlichtweg aufgrund der intensiven Situation. Frauen unter der Geburt entwickeln Kräfte, die selbst einen Gewichtheber neidisch machen könnten. Ich habe im Laufe meiner Karriere tatsächlich mehrere Brillen im Kreißsaal verloren – und das nicht, weil ich sie verlegt hätte, sondern weil sie mir regelrecht aus dem Gesicht getreten oder geschlagen wurden. Nachdem mir das beim ersten Mal passiert war, habe ich immer eine Ersatzbrille dabeigehabt, da ich ohne meine Brille blind wie ein Maulwurf bin. Man lernt ja dazu. Aber ich hatte es noch gut getroffen, verglichen mit einer Kollegin, die sich tatsächlich eine Rippe brechen ließ! Und die Male, als ich mit einem blauen Auge nach Hause kam, wurden irgendwann nicht mehr groß bewundert, sodass ich es gar nicht mehr groß erklären musste: „Ach, nur ein weiterer, wundervoller Tag im Kreißsaal", sagte ich dann nur noch mit einem Lächeln auf den Lippen schulterzuckend.

Damals trugen wir auf der Arbeit auch noch Kittel mit Gürtel. Ich erinnere mich an eine besonders denkwürdige Begegnung: Ich stand bei einer Frau am Bett und hatte ihr den Rücken zugewandt – ein Moment, der sich bald als Fehler herausstellen sollte. Plötzlich, während der nächsten Wehe, griff die Frau nach meinem Gürtel und drehte ihre Hand mit dem Gürtel darin fest herum. Plötzlich war ich wie ein Paket eingeschnürt und damit auch kampfunfähig. Die Frau ließ einfach nicht los und ich stand da ohne jede Chance auf Flucht. Zum Glück dauern Wehen in der Regel nur eine gute Minute, sodass dieser ungleiche Kampf zwischen uns schnell vorbei war. Aber der Abdruck ihres „Würgegriffs" zierte meinen Bauch noch lange.

Ihr seht also: Als Hebamme lebt man gefährlich! Und nicht nur der Kopf ist gefährdet, auch der restliche Körper wird regelmäßig auf die Probe gestellt.

12.Kapitel

Als ich mit meiner Ausbildung begann, gab es noch ganz andere Dinge, die wir im Dienst erledigen mussten – Aufgaben, die heute fast wie eine Mischung aus mittelalterlicher Folter und absurdem Theater klingen. Wir mussten Vorlagen legen, Tupfer drehen, „Möpse" herstellen, Handschuhe waschen und pudern. Ja, ihr habt richtig gehört: Handschuhe pudern! Dafür hatten wir zwei Bereiche: die „schmutzige Spüle" und die „saubere Spüle". Diese Arbeiten wurden entweder gehasst oder, sagen wir mal, mit etwas weniger Abneigung erledigt. Das Auswaschen der schmutzigen, benutzten Handschuhe gehörte natürlich zu den absolut ungeliebten Aufgaben – aber wer konnte schon dem Reiz widerstehen, Gummi von seinen Überresten zu befreien?

Das Auswaschen fand in der schmutzigen Spüle statt, was irgendwie dem Namen gerecht wurde. Nach dem Auswaschen wurden die Handschuhe in einem Eimer mit einer Talkum-Wassermischung getaucht – das nannte sich „Nasspudern". Danach hängten wir die Handschuhe über eine Wäscheleine, um sie zu trocknen. Wenn sie außen getrocknet waren, wurden sie umgedreht und nach dem Trocknen paarweise in Papierhüllen verpackt und dann sterilisiert. Natürlich alles schön nach Größen sortiert, als ob wir eine geheime Handschuhfabrik betreiben würden!

Im Frühdienst waren oft viele Hebammen gleichzeitig im Einsatz, und diejenigen, die gerade keine

Frau betreuten, mussten die Vorräte auffüllen. Dafür versammelten wir uns in der sauberen Spüle – das Paradies für diejenigen, die gerne Zellstoff schnitten und daraus Vorlagen legten. Diese Vorlagen brauchten wir in rauen Mengen, denn eines war sicher: Geburtsstationen verschlingen Vorlagen wie ein hungriger Löwe Fleisch. Außerdem stellten wir aus zugeschnittener Gaze Tupfer und „Möpse" her. Tupfer wurden durch eine spezielle Falttechnik mit zwei Fingern geformt, und wir produzierten sie in Säcken! „Möpse" bestanden ebenfalls aus Gaze, aber anstatt sie zu drehen, stopften wir sie mit Watte voll und nähten sie zusammen. Diese „Möpse" und Tupfer waren die wahren Helden, wenn es um Geburtsverletzungen, Blutentnahmen und andere medizinische Einsätze ging.

Während dieser Tätigkeiten wurde natürlich auch immer viel erzählt und gelacht – alles im Flüsterton, versteht sich, denn unsere Oberhebamme hatte einen sechsten Sinn dafür, Geräusche, Gespräche oder Lärm zu hören, selbst wenn sie gerade nicht im Raum war. In dieser leisen, aber sehr oft belustigenden Atmosphäre tauschten wir private Geschichten und Hebammenanekdoten aus. Verlobungen und Hochzeiten wurden verkündet, Schwangerschaften freudig bekanntgegeben und manchmal auch Scheidungen traurig erörtert. Wer etwas zu verkünden hatte oder auch nur etwas wichtiges Erzählen wollte, setzte sich dazu auf die sogenannte Hochzeitskiste. Wer auf dieser Kiste saß musste raus mit der Sprache. An besonders seltenen Tagen, wenn die Oberhebamme richtig gute Laune hatte, setzte sie sich sogar zu uns und erzählte aus ihrem eigenen Leben. Diese Geschichten waren nicht nur spannend, sondern oft auch so unterhaltsam, dass wir vor lauter Lachen fast vergaßen, weiterzuarbeiten. Die besagte Hochzeitskiste hat später, nach einer Kreißsaalrenovierung den Weg in mein Haus gefunden, weil ich es nicht über das Herz brachte, dass sie entsorgt wird.

Diese Tätigkeiten gibt es heute nicht mehr im Kreißsaal, was einerseits schade ist und andererseits auch eine Erleichterung. Schade, weil es eine Zeit war, in der wir alle unglaublich gut zusammenhielten. Durch den regelmäßigen Austausch kannten wir uns alle sehr gut und verstanden uns oft ohne Worte. Man war nie allein mit seinen Problemen – es sei denn, man wollte es. Auf der anderen Seite war es auch schön, dass diese ungeliebten Arbeiten heute der Vergangenheit angehören. Sie kosteten viel Zeit und Energie, die wir heute besser in die direkte Betreuung der Frauen und Babys investieren können.

Trotzdem denke ich manchmal nostalgisch an diese alten Zeiten zurück. Da stand man in der sauberen Spüle, drehte stundenlang Tupfer und konnte dabei zusehen, wie die Hände der Kolleginnen flogen, während man sich heimlich über die letzten Geschichten kaputtlachte. Es waren Zeiten, in denen man sich nicht nur als Teil eines Teams fühlte, sondern auch als Teil einer kleinen, verrückten Familie. Und selbst die schmutzigen Handschuhe haben uns am Ende mehr zusammengebracht, als uns damals bewusst war.

Es gab aber auch Situationen, die mich in eine ziemlich schwierige Lage gegenüber den anderen Schülerinnen brachte. Ein solcher Fall ereignete sich während eines Praxisblocks auf der Entbindungsstation. Außer mir waren noch drei Krankenschwesternschülerinnen und zwei Kinderkrankenschwesternschülerinnen auf der Station. Wir hatten dort nur Früh- und Mitteldienst, also keinen Spät- oder Nachtdienst. Die dortige Öse, so wurde die Stationsschwester genannt, war in meinen Augen ein wahres Biest und bekannt für ihre fragwürdigen Spielchen. An diesem Tag hatte sie sich beim Frühstück eine neue Beschäftigung ausgedacht: Das Spiel ‚Ich weiß genau, wer du bist!' war an der Reihe.

Sie bildete sich ein, anhand unseres Verhaltens herausfinden zu können, ob wir Geschwister hatten und, wenn ja, das wievielte Kind wir waren. Und was soll ich sagen? Bei allen Schülerinnen lag sie richtig – nur nicht bei mir. Sie nahm an, ich wäre entweder das älteste Kind oder ein Einzelkind. Falsch geraten, liebe Öse! Ich war das zweite Kind, und damit lag sie komplett daneben. Und genau das schien der Beginn meiner „Sonderbehandlung" zu sein. Plötzlich hatte sie einen Narren an mir gefressen – oder vielleicht war es eher eine Art persönliche Vendetta.

Während die anderen den Flur wischen und bohnern mussten, durfte – oder eher musste – ich mit ihr die Patientenakten führen. Und das war noch nicht alles: morgens hatte ich das zweifelhafte Privileg, den Früchtequark für die Patienten anzurühren. Diese Tätigkeit erlaubte sie sonst keiner anderen Schwester – das blieb ausschließlich ihr vorbehalten. Man könnte also sagen, ich war ihr kleiner „Liebling", auch wenn mir dieser Status schwer im Magen lag. Denn natürlich wollte danach keine der anderen Schülerinnen etwas mit mir zu tun haben. Ich war der „Ösenliebling". Ich lernte in dieser Zeit zwar unglaublich viel, aber es war nicht gerade angenehm, plötzlich nicht mehr zur Gruppe zu gehören.

Erfreulicherweise dauerte dieser Praxisblock nur vier Wochen. Nachdem er vorbei war und ich nach vielen Wochen wieder einmal auf Station war, hatten alle das Ganze vergessen – sogar die Öse. Viele Jahre später traf ich die besagte Stationsschwester bei einer privaten Feier wieder. Ich war überrascht, wie sehr sie sich freute, mich zu sehen. Ehrlich gesagt, ich hatte nicht damit gerechnet. Sie nahm mich sogar in den Arm und begann, mir von den damaligen Ereignissen zu erzählen. Durch dieses Gespräch bekam ich eine ganz neue Perspektive auf die Dinge und fand meinen Frieden mit ihr.

13.Kapitel

Auch im Kreißsaal gab es so manche absonderliche Erlebnisse. Nehmen wir zum Beispiel die „Große Reinigung" – eine Art rituelle Säuberung des Kreißsaals, die stattfand, wenn wir mal nicht so viel zu tun hatten. Wenn genug Leute im Dienst waren, kam irgendwann die Anweisung: „Kreißsaal scheuern!" Und das war keine halbe Sache, sondern ein richtiges Großprojekt. Alles wurde aus dem Kreißsaal herausgeräumt, aber erst nach dem die Sachen gründlich gereinigt wurden und dann begann die Putzorgie.

Zunächst wurde alles mit 5%iger Desinfektionslösung gründlich gesäubert. Diese Lösung mussten wir damals noch selbst anmischen – Kopfrechnen war also gefragt, und wehe dem, der sich verrechnete! Das Kreißbett wurde komplett abgezogen und in seine Einzelteile zerlegt, soweit das möglich war. Danach stellten wir es sogar auf den Kopf, um sicherzustellen, dass es auch von unten blitzblank wurde. Dann wurde es mit Wasser und Alkohol abgerieben, bis es wieder in voller Pracht glänzte.

Der Boden wurde ebenfalls gründlich gewaschen, und dann kam Ata ins Spiel – das legendäre Scheuermittel, das zu DDR-Zeiten in keinem Haushalt fehlen durfte. Zwei von uns Schülerinnen bekamen Schrubber an die Füße gesteckt und damit mussten dann auf dem Boden herumtanzen, um jedes noch so kleine Fleckchen zu erwischen. Das war jedes Mal ein wahnsinniger Spaß, aber auch eine furchtbar eklige Angelegenheit – Ata an den Füßen, das war ein Erlebnis der besonderen Art. Wir nannten es immer scherzhaft den „Ballettschritt", und wehe dem, der eine Ecke oder einen Fleck übersah!

Nachdem das ganze Scheuermittel wieder weggespült war, ging es den Wänden an den Kragen. Unsere Kreißsäle waren damals raumhoch gekachelt, was heute wohl nirgends mehr zu finden ist. Zuerst wurden die Wände mit einer Fitlösung abgewaschen und dann mit Alkohol auf Hochglanz poliert. Danach wurde der Boden ein zweites Mal abgespült, und das Fenster weit geöffnet – unsere Oberhebamme nannte das „Frischluftdesinfektion". Zum Schluss wurde alles wieder an seinen Platz geräumt, und der Kreißsaal strahlte wie neu.

Die Sache mit den Schrubbern an den Füßen werde ich wohl niemals vergessen. Es war ein unglaublicher Spaß, aber auch irgendwie absurd, sich so durch den Kreißsaal zu bewegen. Und obwohl es manchmal mühsam war, haben diese Reinigungsaktionen doch immer wieder für Lacher gesorgt. In gewisser Weise vermisse ich diese Zeiten, in denen wir nicht nur als Team, sondern auch als Freundinnen zusammenarbeiteten. Denn trotz des ganzen Putzens und Schrubbens waren das die Momente, in denen wir uns näherkamen und eine Art Putz-Gemeinschaft bildeten. Und heute? Da wird die Reinigung einfach jemand anderem überlassen – was ja irgendwie auch ganz

angenehm ist. Aber der „Tanz mit den Schrubbern"
wird mir immer in Erinnerung bleiben.

14.Kapitel

Eine ganz spannende Sache sollte sich für mich am
Ende meiner Ausbildungszeit ergeben: Ich bekam das
Angebot, für ein halbes Jahr in einer Klinik in Sydney,
Australien zu arbeiten. Was für eine großartige
Chance! Ich war Feuer und Flamme und sah mich
schon an den Stränden Australiens spazieren gehen,
Kängurus streicheln und in einer der bekanntesten
Städte der Welt meine Hebammenkünste unter Be-
weis stellen. Doch wie das Leben so spielt, hatte das
Schicksal andere Pläne für mich.

In Vorbereitung auf dieses Abenteuer entschied ich
mich, den Vorschlag meines Gynäkologen anzunehmen und mit der Pille aufzuhören. Ich lebte damals
schon in einer festen Beziehung, und der Arzt meinte:
„Wenn Sie in einem Jahr schwanger werden wollen,
sollten Sie jetzt die Pille absetzen." Seine Begründung? Die Sorte, die ich nahm, war hochdosiert und
hatte eine lange Nachhangzeit. Was für ein bescheu-
erter Vorschlag, wenn ich ehrlich bin. Erstens gibt es
in Australien ja auch Gelegenheiten – ich meine, hallo,
Strandpartys und Surfer Boys? – und zweitens weiß
man bei dieser Nachhangzeit nie so genau, wie lange
sie wirklich dauert. Als Hebamme hätte ich das besser

wissen müssen, aber naja, manchmal hört man eben doch auf seinen Arzt.

Und siehe da, einen Monat später war ich schwanger. Ja, richtig gelesen: Einen Monat! Der Traum von Australien war damit ausgeträumt, aber dafür begann ein anderer Traum: Die erste eigene Schwangerschaft und Geburt! Aus der Theorie sollte für mich nun eigene Praxis werden.

Meine erste Schwangerschaft war allerdings keine einfache. Zwar blieb mir die gefürchtete Morgenübelkeit erspart, dafür hatte ich das zweifelhafte Vergnügen, mich mit einer immer wiederkehrenden, nicht behandelten Blasenentzündung herumzuschlagen. Meine Frauenärztin meinte nämlich: „Auch für eine Hebamme ist eine Schwangerschaft keine Krankheit." Natürlich nicht, dachte ich, aber meine Beschwerden wurden trotzdem nicht behandelt. Ich fühlte mich, als müsste ich jeden Tag einen Marathon laufen, ohne dass mir jemand vorher die richtigen Schuhe gegeben hätte.

Das Ende vom Lied? Nach mehreren Wochen hatte ich eine ausgewachsene Nierenbeckenentzündung. Diese wurde natürlich erst behandelt, nachdem ich in der 31. Schwangerschaftswoche mit vorzeitigen Wehen meinen Frühdienst nicht mehr ausüben konnte und auf Station eingeliefert wurde. So viel zum Thema ‚Schwangerschaft ist keine Krankheit'. Aber am Ende wurde ich doch noch belohnt: mit einer sehr schönen, schnellen Geburt. Sie dauerte nur gute zwei Stunden – ein echter Turbo-Start ins Mutterdasein.

Zu diesem Zeitpunkt lag ich schon im Krankenhaus, weil ich den Entbindungstermin überschritten hatte. Als die Wehen dann endlich losgingen, wollten mich meine Kolleginnen von der Entbindungsstation auf keinen Fall mehr bei sich herumlaufen lassen. Sie schickten mich schnurstracks in den Kreißsaal. Aber dort angekommen, hatte keiner Zeit für mich oder die andere Mutter, die gleichzeitig mit mir dorthin geschickt worden war. Und so standen wir beide im Vorbereitungsraum des Kreißsaals herum, wie bestellt und nicht abgeholt und „wehten mühsam vor uns hin". Da klingelte das Telefon.

Natürlich war von meinen beiden Hebammenkolleginnen wieder keine frei, um ans Telefon zu gehen. Da ich gerade eine Wehenpause hatte, schnappte ich mir den Hörer. „Kreißsaal, was kann ich für Sie tun?", meldete ich mich wie gewohnt, und siehe da, am anderen Ende war meine eigene Mutter! Sie war sichtlich erstaunt, dass ich ans Telefon ging. Sie erzählte mir, sie hätte so ein komisches Gefühl gehabt und wollte nur mal nachfragen, ob bei mir alles in Ordnung sei.

Hier muss ich kurz erklären, dass es damals noch tiefste DDR-Zeit war. Niemand hatte im Krankenhaus ein Telefon am Bett, und wenn die Angehörigen etwas wissen wollten, mussten sie auf der entsprechenden Station anrufen. Also konnte ich meine

Mutter beruhigen: Ihr Gefühl war absolut richtig. Heute würde sie ihr zweites Enkelkind bekommen!

Zwei Stunden später war es dann soweit: Meine erste Tochter war geboren, und ich war Mutter geworden. Plötzlich sah die Welt für mich ganz anders aus. Ich möchte nicht behaupten, dass ich dadurch eine bessere Hebamme geworden bin, aber ich habe eine völlig neue Sichtweise auf Schwangerschaft, Geburt und das Wochenbett bekommen. Das hat sich natürlich auch auf meine Arbeitsweise ausgewirkt.

Und so vergingen meine Studienjahre, die Prüfungen kamen und gingen, und schließlich war ich Hebamme. Von da an war ich auf mich allein gestellt, bereit, das Abenteuer Hebamme voll und ganz anzunehmen. Das Hebammenabenteuer konnte beginnen – mit all seinen Höhen, Tiefen und vielleicht auch der ein oder anderen verrückten Wendung, die das Leben für mich bereithielt.

Meine Jahre im Kreißsaal

15.Kapitel

In den ersten Jahren meiner Hebammentätigkeit hatten wir niemals alleine Dienst. Das bedeutete, dass immer mindestens zwei Hebammen und eventuell eine Schülerin im Dienst waren. Besonders im Frühdienst waren wir aber oft eine ganze Truppe, teilweise acht Hebammen oder mehr. In dieser

Anfangszeit durften wir Junghebammen nur mit einer Kollegin Dienst haben, die mindestens fünf Jahre Berufserfahrung auf dem Buckel hatte. Diese Konstellation war für mich eine wahre Schule des Lebens – ich lernte unheimlich viel, sowohl in fachlicher Hinsicht als auch, was den Umgang mit den unterschiedlichsten Menschen betraf.

Damals gab es auch noch häufiger Frauen, die sehr viele Kinder hatten. Es war fast so, als hätte sich in einigen Familien eine Art „Baby-Boom" dauerhaft eingenistet. Diese Frauen waren oft so routiniert, dass sie manchmal etwas zu spät zur Entbindung kamen – nämlich dann, wenn sie das Baby schon auf dem Arm hatten. Eine dieser Frauen bleibt mir besonders in Erinnerung. Nennen wir sie mal Edda. Es war ihr neuntes oder elftes Baby, um ehrlich zu sein, habe ich irgendwann aufgehört zu zählen. Es war ein Spätdienst, als es an der Tür klingelte. Ich öffnete und da stand Edda, ganz entspannt mit ihrem Neugeborenen auf dem Arm – das Baby war sogar schon abgenabelt. „Na, da hat aber jemand keine Zeit vergeudet", dachte ich.

Natürlich bekam Edda sofort ein Bett, und wir untersuchten Mutter und Kind. Beide waren wohlauf, es ging ihnen prächtig. Damals wurden die Babys noch direkt im Kreißsaal gebadet, gewickelt und angezogen. Der Wickeltisch stand immer direkt neben dem Entbindungsbett, sodass die Mutter alles sehen konnte, was mit ihrem Baby gemacht wurde. Es war eine schöne Gelegenheit, den Müttern ein paar Dinge zu erklären, wenn sie es wünschten. Als ich Eddas Baby baden wollte, bat sie mich plötzlich, das Band, mit dem die Nabelschnur abgebunden war, sorgfältig abzunehmen und auszuwaschen. Ich schaute sie verdutzt an und fragte mich, warum um alles in der Welt ich das tun sollte. Da erklärte sie mir, dass das Band zu ihrer Kittelschürze gehörte und ich es doch bitte wieder annähen sollte. Ich war wirklich überrascht – so etwas hatte noch nie jemand von mir verlangt. Nadel und Faden hatte sie mir vorsorglich mitgebracht. Also tat ich ihr den Gefallen: Ich wusch das Band sorgfältig aus, bügelte es sogar und nähte es dann wieder an die Schürze. Solche witzige kleinen Situationen sind es die einem immer wieder mal ein Lächeln ins Gesicht zaubern.

Aber es waren nicht nur die werdenden Mütter, die für Überraschungen sorgten. Auch einige meiner älteren Kolleginnen entwickelten im Spät- oder Nachtdienst seltsame Anwandlungen. Eine Kollegin fällt mir da besonders ein: Sie brachte immer ihre schmutzige Wäsche von zu Hause mit, um sie während des Dienstes zu waschen. Und das war nicht etwa eine Kleinigkeit – nein, sie wusch und trocknete ihre komplette Wäsche während des Dienstes, und das natürlich alles per Hand, denn eine Waschmaschine gab es im Kreißsaal selbstverständlich nicht. Danach hing sie den gesamten Kreißsaal mit nassen Kleidungsstücken voll. Jede Heizung war mit Wäsche bedeckt. Der Kreißsaal sah aus wie ein überdimensionaler Wäscheständer.

Diese besagte Kollegin bescherte mir Jahre später eine Doppelschicht, die ich so schnell nicht vergessen werde. Es war der 9. November 1989 und ich hatte Spätdienst. Die Schicht war eigentlich schon seit einer guten Stunde vorbei, aber meine Ablösung war noch immer nicht erschienen. Mir blieb also nichts anderes übrig, als unsere Oberhebamme anzurufen – sie war übrigens die Einzige, die ein Telefon hatte. Ich erklärte ihr die Situation, und sie fragte mich, ob ich die Nachtschicht noch dranhängen könnte, da meine Ablösung offensichtlich nicht kommen würde. Ich stimmte zu, bat sie aber, meine Familie zu benachrichtigen, dass ich nicht nach Hause kommen würde.

Und tatsächlich, unsere Oberhebamme schickte noch mitten in der Nacht jemanden los, um meiner Familie Bescheid zu sagen. Die Nacht verlief sehr ruhig, was mir erlaubte, mich ein wenig auszuruhen. Am nächsten Morgen erschien meine Ablösung sogar fast eine Stunde früher, um mich abzulösen. Das fand ich natürlich großartig, aber auch sie sagte mir nicht, warum meine Schichtablösung am Abend zuvor nicht gekommen war. Also fuhr ich nach Hause, legte mich schlafen und dachte an nichts Böses.

Erst als ich gegen 14 Uhr ausgeschlafen hatte, erfuhr ich den Grund für das Verschwinden meiner Kollegin: Sie hatte sich über die neu eröffnete deutsch-deutsche Grenze aus dem Staub gemacht!

Die Mauer war gefallen, und während ich ahnungslos im Kreißsaal Wache hielt, machte sie sich auf in Richtung Westen. Manchmal kommen die aufregendsten Ereignisse eben genau dann, wenn man am wenigsten damit rechnet.

16.Kapitel

So begannen meine ersten aufregenden Jahre als Hebamme – eine Zeit voller Überraschungen, Herausforderungen und natürlich der einen oder anderen skurrilen Anekdote. Es war der Startschuss für ein Abenteuer, das mich mein ganzes Berufsleben begleiten sollte.

In einem Spätdienst hatte ich einmal das Vergnügen, eine Frau zu betreuen und ausnahmsweise richtig viel Zeit, um mich ihr voll und ganz zu widmen. Das kommt ja in unserem hektischen Alltag eher selten vor, aber an diesem Tag konnte ich fast die gesamte Zeit an ihrem Bett sitzen, sie zum richtigen Atmen anleiten und ihr jeden Wunsch von den Augen ablesen. Es war eine dieser seltenen Gelegenheiten, bei der man das Gefühl hatte, alles im Griff zu haben und sich ganz auf die werdende Mutter konzentrieren zu können.

Bald war deutlich zu merken, dass die Geburt unmittelbar bevorstand. Ich machte mich also daran, den Kreißsaal für das große Ereignis vorzubereiten.

Da sagte die Frau plötzlich zu mir: „Seien Sie doch bitte so nett und holen Sie die Hebamme, ich glaube, mein Kind kommt." Ich sah sie erst einmal verdutzt an und wusste nicht, ob ich lachen oder weinen sollte. Völlig perplex fragte ich sie mit einem breiten Grinsen im Gesicht: „Wofür halten Sie mich denn, glauben Sie, ich bin hier die Putzfrau?"

Doch die werdende Mutter schaute mich völlig ernst an und sagte: „Ich habe mir Hebammen immer viel älter vorgestellt. Sie können doch unmöglich meine Hebamme sein, Sie sind doch viel zu jung." In diesem Moment wusste ich nicht, ob ich beleidigt oder geschmeichelt sein sollte. Einerseits war es ja schön, so jung zu wirken, andererseits wurde meine Kompetenz infrage gestellt. Aber da die Geburt sowieso nicht mehr aufzuhalten war, hatten wir keine Zeit, darüber zu diskutieren. Ich erklärte ihr nur kurz, dass ich sehr wohl ihre Hebamme war, und konzentrierte mich wieder auf das Wesentliche.

Als sie dann ihr Baby im Arm hielt, entschuldigte sie sich bei mir. Ich konnte nur lachen und versicherte ihr, dass ich überhaupt nicht gekränkt war. Im Gegenteil, ich nahm es mit Humor und entschied, von da an vielleicht ein bisschen zu schwindeln, wenn mich Frauen fragten, wie lange ich schon Hebamme sei und ob ich selbst schon Kinder hätte. Manchmal ist es einfach besser, die Illusion der erfahrenen, „alten" Hebamme aufrechtzuerhalten, um das Vertrauen der werdenden Mütter nicht zu erschüttern.

Doch nun will ich erzählen, wie ich auf den ungewöhnlichen Namen meines Buches gekommen bin. Eines Tages hatte ich wieder einmal eine Frau unter der Geburt zu betreuen. Ich glaube, es war ihr achtes oder neuntes Baby. Bei so vielen Kindern ging die Geburt natürlich blitzschnell – wir waren ja auch schon ein eingespieltes Team. Die Mutter und ich kannten uns von mehreren ihrer vorherigen Geburten. Sie wusste genau, was auf sie zukam, und ich wusste genau, wie sie es gerne hätte.

Nach der Entbindung müssen die Mütter immer die Namenserklärung für ihr Baby ausfüllen. Das war oft eine lustige Angelegenheit, weil es manchmal echte Schwierigkeiten mit der Rechtschreibung gab. In diesem Fall schrieb die Mutter den Namen ihres Babys auf: Es war ein Junge, und er sollte den Namen Sven bekommen. Die Mutter schrieb jedoch „Zwän". Da stand ich nun mit ihrer „Kreativität" und dachte mir: Das wird so wohl kaum beim Standesamt durchgehen. Zum Glück hatten wir im Kreißsaal ein Namensbuch, in dem die zugelassenen Namen samt ihrer Bedeutung und natürlich der korrekten Schreibweise verzeichnet waren.

Ich holte also das Namensbuch und zeigte es ihr. „Schauen Sie", sagte ich, „Sven wird so geschrieben." Ich erklärte ihr freundlich, dass ihre Schreibweise wahrscheinlich nicht vom Standesamt akzeptiert werden würde. Schließlich wollte ich sie ja nicht verletzen oder lächerlich machen, nur weil sie in dieser Beziehung nicht ganz sicher war. Nach ein paar Minuten des Überlegens einigten wir uns fröhlich auf die korrekte Schreibweise „Sven". Am Ende war sie sehr dankbar, dass ich sie vor einer möglichen Blamage bewahrt hatte, und wir lachten beide über das kleine Missverständnis.

Solche Erlebnisse bleiben einem wirklich immer im Gedächtnis! Ich weiß zum Beispiel noch ganz genau, in welchem Bett die Frau gelegen hat und dass die Sonne an diesem Tag schien. Solche kleinen Details brennen sich einem einfach ins Gedächtnis ein und lassen einen manchmal schmunzeln, wenn man daran zurückdenkt.

Seltsame Namen gab es viele in meiner Zeit im Kreißsaal.

Es gab Frauen die sehr kreativ wurden in dieser Richtung, da gab es zum Beispiel Tarzan, Napoleon oder Sonne und Gucci.

Ich erinnere mich noch gut an ein kleines Mädchen, das den Namen Gisella Marlin Jaqueline bekommen sollte. Die Mutter bestand unbedingt auf diesen Namen und schrieb ihn auch genauso auf. Ich dachte mir: Na gut, lassen wir das Standesamt entscheiden, ob dieser Name durchgeht. Doch das war noch nicht das Ende der Geschichte.

Über ein halbes Jahr später, an einem ruhigen Sonntagmittag, stand plötzlich der Vater dieses kleinen Mädchens vor meiner Haustür. Wie er an meine private Adresse gekommen war, ist mir bis heute ein Rätsel. Jedenfalls stand er wutschnaubend und schreiend vor meiner Tür und beschuldigte mich, den Namen seines Kindes falsch geschrieben zu haben. Jetzt müsse er die Kosten für die Namensänderung tragen, und das sei meine Schuld. Da ich ja nicht einmal wusste, wer dieser Mann war, geschweige denn, wer seine Frau war, fragte ich ihn erst einmal nach dem genauen Hergang.

Er erklärte mir, dass seine Frau vor über einem halben Jahr eine Tochter zur Welt gebracht hatte und ich angeblich den Namen „Gisella Marlin Jaqueline" falsch aufgeschrieben hätte. Erst jetzt, nachdem sie die Geburtsurkunden zugeschickt bekommen hatten, sei ihnen der Fehler aufgefallen, und nun müsse der Name geändert werden. Ich konnte mir ein Lächeln nicht verkneifen und fragte ihn, warum es so lange gedauert hatte, bis sie den Fehler bemerkt hatten. Seine Antwort war, dass sie erst jetzt die Geburtsurkunden erhalten hätten.

Ich erklärte ihm dann, dass es nicht meine Schuld sei, dass der Name falsch geschrieben worden war. Seine Frau hatte schließlich selbst die Namenserklärung im Kreißsaal ausgefüllt. Außerdem hätte ihnen schon viel früher auffallen müssen, dass der Name falsch geschrieben war – spätestens, als sie die Namensschilder am Bettchen im Krankenhaus oder im gelben Untersuchungsheft sahen. Schließlich stand

der Name ja überall so, wie seine Frau ihn aufgeschrieben hatte. Das alles hätte schon längst bemerkt
werden müssen.

Plötzlich wurde der Mann ganz kleinlaut und entschuldigte sich bei mir. Seine Frau hatte wohl die
Schuld auf mich geschoben, weil sie nicht zugeben
wollte, dass der Fehler bei ihr lag. Natürlich wollte ich
nun auch noch wissen, wie das kleine Mädchen denn
nun eigentlich heißen sollte. „Gisella Marylin Jaqueline", antwortete er. Ich wünschte ihm trotzdem alles
Gute und verabschiedete ihn freundlich. Leider weiß
ich bis heute nicht, ob sie den Namen noch geändert
haben…

17.Kapitel

Natürlich trugen auch unsere Kreißsaalärzte zu
manch einer Erheiterung bei. Besonders ein Assistenzarzt blieb mir dabei in lebhafter Erinnerung. Er
war von der Körpergröße her eher klein geraten, und
wir Hebammen überragten ihn fast alle – bis auf zwei
Kolleginnen. Das nagte wohl schon immer ein wenig
an seinem Selbstwertgefühl, besonders im Umgang
mit uns Frauen. Nun gut, Größe ist ja bekanntlich
nicht alles, aber bei ihm schien es doch eine gewisse
Rolle zu spielen.

Eines Tages leitete ich eine Geburt, bei der dieser
besagte Arzt als zuständiger Frauenarzt anwesend
war. Leider gab es eine kleine Geburtsverletzung, die

genäht werden musste. Damals hatten wir noch diese dreibeinigen Hocker mit herausdrehbarer Sitzfläche. Die konnte man, je nach Größe der Person, die darauf sitzen sollte, individuell einstellen. Nun muss man sich das Bild vorstellen: Der Arzt sitzt praktisch zwischen den Knien der Patientin, sein Kopf nur etwas höher als das Bett, in dem die Patientin liegt. Als Hebamme stand ich außen neben dem Bett am linken Bein der Patientin und reichte ihm die gewünschten Instrumente über das Bein der Patientin hinweg an.

Damals trugen wir noch die volle Schutzmontur: steriler Kittel, Handschuhe, Mütze und Mundschutz. Es war ein Bild für die Götter – zumindest aus heutiger Sicht. In unserem Kreißsaal standen immer zwei Geburtenbetten, und das Schreibzimmer war durch eine Wand mit einem sehr großen Fenster vom Kreißsaal getrennt, sodass man alles wunderbar überblicken konnte.

Nun waren wir also mit dem Nähen der Verletzungen beschäftigt. Die Wunde war betäubt, die junge Mutter und ich unterhielten uns entspannt. Es war wirklich nichts Dramatisches, nur ein kleiner Riss. Aber unser lieber Doktor hatte eine Angewohnheit, die ich bis dahin noch bei keinem anderen Arzt gesehen hatte: Er kippelte ständig mit dem Hocker. Vor und zurück, immer im Takt des Nähens. Vorwärts beim Einstechen der Nadel, rückwärts beim Durchziehen des Fadens. Es war fast wie ein Tanz auf dem Hocker – eine rhythmische Performance im Kreißsaal.

Und dann passierte das, was einfach irgendwann passieren musste. Die Sitzscheibe des Hockers brach beim Rückwärtskippeln ab, und plumps, da lag der Doc wie ein Maikäfer auf dem Rücken! Erst war ich erschrocken und schaute schnell über das Bein der Patientin hinweg auf den Boden. Zum Glück hatte er sich nichts getan – zumindest körperlich. Doch als ob die Situation nicht schon komisch genug war, setzte die Mutter sich im Bett auf, stützte sich auf ihre Arme und rief zwischen ihre Beine: „Huch, wo ist er denn hin?"

In diesem Moment brach es aus mir heraus. Ich lachte so furchtbar, dass mir die Tränen übers Gesicht liefen. Es war ein Lachen, das nicht mehr zu stoppen war – ich hätte mir fast vor Lachen eingepullert! Meine Kollegin im Schreibzimmer hatte alles durch das große Fenster beobachtet und war ebenfalls in schallendes Gelächter ausgebrochen. Selbst die Frau im Bett konnte sich vor Lachen kaum halten.

Unser kleiner Doktor sprang jedoch blitzschnell auf die Füße, rot vor Zorn und Verlegenheit und schrie, wir sollten sofort aufhören zu lachen – das sei sehr ungezogen!

Er sprang umher wie ein kleines Rumpelstilzchen, während er versuchte, seine Würde wiederzufinden. Doch natürlich war das Lachen nicht mehr zu bremsen, ich bekam kaum noch Luft hinter meinem Mundschutz. Ich musste sogar kurz aus dem Raum gehen, um mich zu beruhigen. Das gelang mir auch – für

ganze zwei Minuten. Kaum war ich wieder im Kreißsaal und sah den Doc an, fing ich sofort wieder an zu
lachen.

Der Arzt war so aufgebracht, dass er schließlich begann, Instrumente nach mir zu werfen! Doch das
machte die Sache natürlich nur noch lustiger. Den
ganzen restlichen Dienst über konnte ich mich kaum
zusammenreißen. Immer wenn meine Kollegin und
ich uns ansahen, brach das Lachen wieder aus uns
heraus. Es war einfach ein unvergesslicher Moment.

Auch Tage später, wenn ich den Doc irgendwo sah
– ob beim Essen oder auf Station –, konnte ich mir das
Grinsen nicht verkneifen. Sein Blick sprach Bände
und es war klar, dass ich bei ihm nicht gerade Plus-
punkte gesammelt hatte. Aber bei der nächsten Weih-
nachtsfeier beschlossen wir, die Sache zu klären. Wir
sprachen uns aus und am Ende konnten wir beide
darüber lachen. So konnte unser Verhältnis wieder
ins Reine gebracht werden und ich konnte wieder in
den Kreißsaal gehen, ohne mir Sorgen machen zu
müssen, dass der Doc mir erneut eine Pinzette oder
eine Schere hinterherwerfen würde.

18.Kapitel

Zwischenmenschliche Beziehungen spielen im Leben einer Hebamme natürlich oft eine zentrale Rolle.
Seltsame Situationen? Oh ja, die gibt es zur Genüge –
und manchmal ist man gezwungen, den Glücksengel

zu spielen. Eine besonders skurrile Situation kam mir an einem verträumten Samstagvormittag im Kreißsaal unter.

Es war gerade die Zeit des „großen Knicks" in der Geburtshilfe, und ich war – ganz glamourös – beim Putzen. Da klingelte es an der Tür und mein Herz machte einen Sprung. „Na endlich", dachte ich erleichtert, „ich bekomme endlich was zu tun!" Als ich öffnete, stand da eine Frau mit einem Einkaufskorb – darin Milch und Brötchen. Gut organisiert, dachte ich. Und ja, offensichtlich schwanger, jedenfalls für mein geübtes Auge.

„Was kann ich für Sie tun?", fragte ich höflich. Die Antwort kam trocken: „Ich möchte jetzt mein Kind bekommen – und dann direkt wieder nach Hause gehen. Ohne Kind."

Etwas irritiert hakte ich nach und sie bekräftigte: „Ja, einfach das Kind bekommen und mein Mann soll davon nichts erfahren. Das Kind soll weg, er darf es nie erfahren. Er hat ja zurzeit Nachtdienst da wird er schon nichts merken."

Da brauchte ich erst mal eine Tasse Tee... aber stattdessen bat ich sie hinein, denn das klang nach einer längeren Geschichte. Wie immer begann ich mit dem CTG, das gibt mir immer ein wenig Zeit, die Lage zu erfassen. Während das Gerät summte, legte sie richtig los – und ich meine, so richtig! Sie hörte gar nicht mehr auf zu reden.

Vier Kinder habe sie schon, erzählte sie und ihr Mann habe klipp und klar gesagt: „Mehr werden es nicht!" Aber, wie das Leben so spielt... passierte eben das, was nicht passieren sollte: eine Schwangerschaft.

Sie sah mich verzweifelt an, mit ihren großen, müden und traurigen Augen und gestand schließlich: „Ich hatte nicht den Mut, es meinem Mann zu sagen."

Vorsichtig fragte ich nach, ob eine Unterbrechung der Schwangerschaft für sie jemals eine Option gewesen wäre. Kaum waren die Worte raus, brach sie in Tränen aus – als hätte ich eine Schleuse geöffnet. „Das hätte ich nie tun können!" schluchzte sie und die Tränen flossen unaufhaltsam. Ich beschloss, sie sich erstmal ausweinen zu lassen, und reichte ihr nur stumm meine Hand.

Sie klammerte sich an mich, als wäre ich ein Rettungsanker im Ozean ihrer Verzweiflung. Langsam aber sicher versiegten die Tränen, und sie warf immer wieder verstohlene Blicke auf das CTG – dabei schlich sich ein fast schon seliges Lächeln auf ihr Gesicht. Und tatsächlich, das CTG zeigte Wehen an. „Also", fragte ich sanft, „ist dein Entschluss wirklich fest?" „Ja", sagte sie bestimmt, „und ich muss bis 13 Uhr wieder zu Hause sein."

Gut, dachte ich, das ist sportlich. Aber bei Mehrgebärenden kann es ja manchmal recht flott gehen. Also machte ich mich daran, sie zu untersuchen, um herauszufinden, wie weit die Geburt schon fortgeschritten war.

Bei der Untersuchung stieß ich auf ein paar Überraschungen. Erstens: Der Muttermund war noch komplett geschlossen – als hätte er ein „Bitte nicht stören"-Schild umgehängt. Zweitens: Das Köpfchen des Babys war weit davon entfernt, sich in die Startposition zu begeben. Statt sich brav in Richtung Geburtskanal zu orientieren, schien es sich noch gemütlich irgendwo anders aufzuhalten, als würde es sagen: „Was, jetzt schon?"

Ich erklärte der Frau geduldig, was ich herausgefunden hatte. „Also", begann ich, „der Muttermund hat sich noch gar nicht geöffnet, und das Köpfchen hat anscheinend noch andere Pläne. Das heißt, wir sind noch ein gutes Stück von der Geburt entfernt."

Ihr Blick wurde unsicher, und ich fügte hinzu: „Aber keine Sorge, das heißt nur, dass wir uns etwas mehr Zeit nehmen müssen. Dafür brauche ich allerdings unsere Ärzte. Das hier wird nicht so einfach wie Brötchen holen – wir müssen das Ganze ordentlich vorbereiten.

Die herbeigerufenen Ärzte kamen schnell und nahmen sich die Lage genau vor. Nach einer gründlichen Untersuchung bestätigten sie nicht nur meine Beobachtungen, sondern fanden noch mehr heraus: Das Baby hatte es sich quergelegt – und nein, nicht im gemütlichen Sinn. Es lag so, dass eine spontane Geburt unmöglich war.

Zu allem Überfluss waren die Wehen schon in vollem Gange, und die Fruchtblase war bereits geplatzt.

Da konnte man nichts mehr anhalten oder in Ruhe überlegen. „Das Baby hat sich entschieden," dachte ich, „aber leider für die komplizierteste Route."

Für uns hieß das: Wir mussten sofort handeln. Ein Kaiserschnitt war unumgänglich und das möglichst schnell, bevor die Situation noch brenzliger wurde. „Okay," sagte ich zur Frau, „wir machen jetzt einen kleinen Umweg, aber keine Sorge, wir bringen das Baby sicher ans Ziel.

Also ging alles ganz schnell. Die Vorbereitungen für die OP liefen auf Hochtouren und ehe man sich versah, waren wir schon auf dem Weg in den Operationssaal. Die Frau war verständlicherweise völlig überfordert, aber ich tat mein Bestes, ihr in der Eile Trost und Zuversicht zuzusprechen. „Das schaffen wir schon," sagte ich, „gleich bist du Mama, auch wenn's ein bisschen anders läuft als geplant."

Etwa eine halbe Stunde später war ich mit dem frischgeborenen kleinen Wunder zurück im Kreißsaal. Da stand ich nun, das Baby auf dem Arm, und wusste im ersten Moment nicht, was ich als Nächstes tun sollte. Die Ärzte hatten mir den ehrenvollen Auftrag erteilt, den Ehemann zu benachrichtigen. „Na prima," dachte ich, „wie erkläre ich ihm das bloß? Er hat ja keine Ahnung, dass er gerade Vater geworden ist!"

Es war klar, dass ich ihm am Telefon nicht die ganze Geschichte ausbreiten konnte. Also verließ ich mich auf meine Intuition und griff zum Hörer. Ich wählte die Nummer und es dauerte eine gefühlte Ewigkeit, bis er endlich abhob. Es klingelte und klingelte – ich hatte schon fast Angst, dass er gar nicht drangehen würde. Aber dann, mit einer verschlafenen Stimme, meldete er sich doch. „Ja, wer ist da?"

„Ich bin eine Schwester aus dem Kreißsaal," begann ich vorsichtig. „Sie müssen bitte so schnell wie möglich in die Klinik kommen. Ihre Frau ist hier bei uns und wir mussten sie operieren."

Ich weiß, das war nicht gerade die einfühlsamste Art, es zu sagen, aber mal ehrlich, wie bringt man so eine Nachricht rüber, wenn der Mann keine Ahnung hat, dass überhaupt ein Baby unterwegs ist?

Am anderen Ende der Leitung herrschte erst mal absolute Stille, dann kam ein verwirrtes: „Was... was ist denn los?"

Also wiederholte ich geduldig, was ich gerade gesagt hatte und fügte beruhigend hinzu: „Ihrer Frau geht es gut, aber es ist wichtig, dass Sie jetzt herkommen. Melden Sie sich bitte im Kreißsaal."

Ich hoffte inständig, dass der Hinweis auf den Kreißsaal ihm einen kleinen Wink mit dem Zaunpfahl gab, um die Situation besser einordnen zu können. Innerlich dachte ich: „Na, mal sehen, wann der Groschen fällt...

Etwa eine halbe Stunde später klingelte es an der Kreißsaaltür. Der Ehemann stand da, völlig aufgelöst und sah aus, als hätte er gerade erst realisiert, dass es nicht einfach ein Albtraum war. Ich bat ihn, sich erst einmal zu setzen. Er setzte sich widerwillig und fragte mich mit zitternder Stimme: „Was... was hat meine Frau denn gehabt, dass sie operiert werden musste?"

Ich sah ihn ruhig an und stellte eine Gegenfrage: „Wo sind Sie hier gerade? Und was passiert hier normalerweise, wenn Frauen herkommen?"

Er schaute sich um, als hätte er den Raum zum ersten Mal wahrgenommen und ich konnte förmlich sehen, wie sich ein großes, leuchtendes Fragezeichen über seinem Kopf bildete. Die Erkenntnis dämmerte nur langsam und als sie schließlich durchbrach, spiegelte sich ungläubiges Staunen auf seinem Gesicht. „Wie... was...", stammelte er, „das kann doch nicht sein!

„Doch," sagte ich sanft, „genauso ist es." Ich sah ihn an und fragte: „Ist Ihnen die Schwangerschaft Ihrer Frau wirklich nie aufgefallen? Sie war doch ziemlich offensichtlich schwanger."

Er schüttelte den Kopf, aber dann zögerte er. „Eigentlich... hätte es mir auffallen müssen", gestand er schließlich, „aber ich hatte so viel um die Ohren, ich war einfach nicht aufmerksam genug." Seine Stimme klang traurig, als er das sagte und ich spürte, wie das Gewicht der Erkenntnis auf ihm lastete.

Da erzählte ich ihm von dem Plan seiner Frau. Wie sie das Kind heimlich zur Welt bringen und weggeben wollte, weil sie dachte, er würde es nicht wollen. Er starrte mich fassungslos an, Tränen standen ihm in den Augen. „Wie kommt sie nur auf so einen absurden Gedanken?", fragte er fast flehend. „Wir schaffen das, wir bekommen auch dieses Kind groß. So gut müsste sie mich doch kennen!"

Ich nickte, sah ihn an und fragte: „Wollen Sie Ihr Kind sehen?"

„Natürlich", sagte er, ohne zu zögern. Also führte ich ihn ins Kinderzimmer und legte ihm seinen neugeborenen Sohn in die Arme. Da brachen bei ihm die Dämme und Tränen liefen über sein Gesicht – gerührt und überwältigt. Ich schob ihm einen Stuhl hin und sagte leise: „Setzen Sie sich doch kurz hin und warten Sie hier."

Schnell ging ich hinaus in den OP, um zu sehen, wie weit sie waren und ob ich die frischgebackene Mutter schon mitnehmen könnte. Alles war bereit und ich konnte die noch schlafende Frau samt Bett in den Kreißsaal schieben. Dort angekommen, überprüfte ich als erstes noch einmal sorgfältig ihre Vitalzeichen – alles in bester Ordnung.

Dann holte ich ihren Mann, der immer noch mit dem Baby im Arm saß, und setzte ihn samt Kind vorsichtig neben das Bett seiner Frau. Natürlich blieb ich ebenfalls im Raum. Schließlich wollte ich diesen besonderen Moment auf keinen Fall verpassen – wenn sie aufwacht und ihren Mann und ihr neugeborenes Baby an ihrer Seite sieht.

Langsam kam die Frau zu sich, blinzelte und schaute sich verwirrt um. Dann blieb ihr Blick an ihrem Partner hängen – und plötzlich bemerkte sie das

Baby in seinen Armen. Tränen stiegen ihr in die Augen und sie begann hemmungslos zu weinen, unfähig, auch nur ein Wort herauszubringen. Doch ihr Mann legte ihr beruhigend die Hand auf den Arm und beugte sich vor, um ihr sanft einen Kuss auf die Stirn zu geben.

„Du verrücktes Huhn," sagte er leise, mit einem Lächeln in der Stimme. „Wie konntest du nur so etwas denken? Haben wir nicht immer über alles geredet? Warum hast du mir nichts gesagt?"

Sie sah ihn liebevoll an, immer noch von Tränen überwältigt. „Woher sollte ich wissen, dass du deine Meinung ändern würdest?", flüsterte sie.

Da lachte er und schüttelte leicht den Kopf. „Zu so einem Ergebnis gehören wohl immer zwei," sagte er, „du hast es doch nicht alleine verzapft. Also werden wir es auch gemeinsam schaffen, noch ein Kind großzuziehen."

Ende gut, alles gut! Mensch, was war ich erleichtert, dass alles so glimpflich ausgegangen war. Nun setzte ich mich erstmal in meinen Pausenraum und heulte was das Zeug hielt. Das hätte wirklich anders enden können. Also, Leute, mein Rat an euch: Redet mehr miteinander! Dann gibt es auch keine so großen Missverständnisse – und deutlich weniger Überraschungen im Kreißsaal.

19.Kapitel

Technik hat ja bekanntlich auch so ihre Tücken und das musste ich eines Tages bei einer von mir begleiteten Geburt am eigenen Leib erfahren. Es war eigentlich ein ganz normaler Dienst, eine ganz normale Geburt – bis die Technik beschloss, mir einen Streich zu spielen. In unserem Kreißsaal haben wir spezielle hydraulisch verstellbare Geburtenbetten. Diese lassen sich ganz individuell an die Bedürfnisse der Frau und der Hebamme anpassen. Sie sind sehr praktisch, wenn sie funktionieren. Nun ja, zumindest meistens.

Die Geburt kündigte sich an und die Frau lag bereits bequem auf dem Bett. Sie wollte ihr Baby in dieser Position zur Welt bringen, also stellte ich das Bett in der Höhe so ein, dass ich bequem an sie herankommen konnte. Schließlich sind wir Hebammen ja nicht alle gleich groß und ein bisschen Komfort bei der Arbeit schadet nie. Ich drückte also auf das Bedienfeld und fuhr das Bett etwas nach oben. Doch als ich den Finger vom Bedienfeld nahm, fuhr das Bett einfach weiter nach oben. Zuerst dachte ich, ich hätte aus Versehen noch den Knopf gedrückt, also probierte ich es erneut. Aber das Bett hatte anscheinend einen eigenen Willen – es hörte einfach nicht auf, sich nach oben zu bewegen!

Panik machte sich breit, als das Bett in Höhe meines Kopfes stehen blieb und sich nicht mehr rührte. Da stand ich nun, mit einer Frau auf einem Hochbett und ohne die Möglichkeit, an sie heranzukommen.

Ich drückte wie wild auf das Bedienfeld, doch nichts passierte. Mein nächster Gedanke war, den Stecker zu ziehen und wieder einzustecken. Auch das half leider nichts. Das Bett blieb stur in seiner luftigen Position. Natürlich konnte ich die arme Frau nicht einfach bitten, herunterzusteigen – wie hätte das auch gehen sollen? Also griff ich nach dem nächstbesten Gegenstand, der mir helfen konnte: einem Stuhl.

Mit dem Stuhl kam ich zumindest ein Stück höher, aber immer noch nicht nah genug an die Frau heran. Also blieb mir nichts anderes übrig, als auf das Bett zu klettern. Ich stemmte mich hoch, wobei das Bett gefährlich ins Schwanken geriet. Es war nicht gerade die sicherste Position, um eine Geburt zu begleiten, aber was sollte ich machen? Just in diesem Moment betrat unser Arzt den Kreißsaal. Er blieb stehen, starrte uns beide an – die Frau und mich auf dem hochgestellten Bett – und fragte, was wir da oben um Himmels willen veranstalten würden.

Es muss wirklich zum Schießen ausgesehen haben, wie wir beide auf diesem Bett saßen, während der Arzt und der Partner der Frau nur die Hälse reckten, um überhaupt etwas sehen zu können. Doch helfen konnte uns keiner von beiden. Also blieb uns nichts anderes übrig, als das Baby auf die Welt zu bringen, bevor wir uns um das Bettproblem kümmerten. Die kleine Maus wurde geboren, Mutter und Kind waren wohlauf und zu unserer großen Erleichterung gab es auch keine Geburtsverletzungen. Aber das Problem blieb: Wie sollten wir die frischgebackene Mutter sicher vom Hochbett herunterbekommen?

Ein Techniker war natürlich nicht mehr im Haus, und die Firma konnte uns auch nicht genau sagen, wann einer kommen würde. Die junge Mutter meinte zwar tapfer, sie würde es sich zutrauen, hinunterzuklettern, aber das Risiko war mir doch zu groß. Nach einigem Überlegen schlug ich vor, eine Rettungsdecke zu nehmen, die Frau darauf zu legen und sie dann vorsichtig nach unten zu heben. Gesagt, getan! Ich rief alle abkömmlichen Schwestern im Haus herbei, und der Doc holte sogar seinen Oberarzt zur Verstärkung.

Die beiden Männer kletterten zu der Frau ins Bett, während ich ihr half, sich auf die Rettungsdecke zu legen. Ein Bett hatte ich bereits bereitgestellt, und die Männer hoben sie schließlich vorsichtig nach unten. Ich atmete auf, als sie endlich wieder sicher auf normaler Höhe war. Die ganze Aktion war vielleicht etwas unorthodox, aber sie hatte funktioniert. Zur Belohnung für unseren „großartigen körperlichen Einsatz" brachten uns die jungen Eltern später einen großen Präsentkorb vorbei – den hatten wir uns auch redlich verdient!

20.Kapitel

In meiner Anfangszeit als Hebamme war es übrigens noch so, dass keine Frau wusste, welches Geschlecht das Baby haben würde. Ultraschall gab es zwar schon, aber der steckte noch in den Kinderschuhen. Die Bilder, die man bekam, waren eher vage – wir nannten sie liebevoll „Schneegestöber". Eine eindeutige Geschlechtsbestimmung war damit nicht möglich, und so blieb es bis zur Geburt spannend. Diese Ungewissheit führte manchmal zu kuriosen Situationen, bei denen mir sogar prophetische Fähigkeiten unterstellt wurden.

Damals bereitete ich den Kreißsaal entsprechend vor, wenn wir eine Frau unter der Geburt betreuten. Ich legte alles zurecht, was wir brauchen würden: die Geburtenschale, das Abnabelset und so weiter. Auch der Wickeltisch wurde vorbereitet. Eines Tages beobachtete eine junge Mutter, wie ich den Kreißsaal vorbereitete, und sie lächelte dabei immer wieder still vor sich hin. Ich dachte mir nicht viel dabei und ging davon aus, dass sie sich einfach schon sehr auf ihr Baby freute.

Das Glück war auf unserer Seite und das Baby kam noch während meiner Schicht zur Welt. Als ich dann mit dem Neugeborenen beschäftigt war, fragte die Mutter plötzlich: „Woher wussten Sie denn, dass es ein Junge wird?" Ich sah sie erstaunt an und verstand die Frage nicht so recht. Ich erklärte ihr, dass ich es nicht wissen konnte. Daraufhin zeigte sie auf den Wickeltisch und sagte: „Sie haben doch alles in hellblau hingelegt!" Ich schaute hin und musste lachen – tatsächlich, da lag ein blaues Badehandtuch und ein hellblauer Strampler.

Ich erklärte der jungen Mutter natürlich sofort, dass ich keineswegs prophetisch veranlagt war. Es war einfach ein großer Zufall gewesen. Sie verstand schließlich, dass ich die Farben rein zufällig gewählt hatte, und fand es trotzdem schön, dass das Schicksal uns diesen glücklichen Zufall beschert hatte. Am Ende waren wir beide froh – sie über ihren kleinen Jungen, und ich darüber, dass ich nicht zum Hellseher ernannt wurde!

Wir hatten auch unsere Oberärzte, die durch ihre verschiedenen Marotten immer wieder für Heiterkeit sorgten. Besonders in Erinnerung bleibt mir einer, der durch seinen kuriosen Schlafanzug einen unvergesslichen Eindruck hinterließ. Es war während eines meiner Nachtdienste, und wie das Leben ebenso spielt, hatten wir unwahrscheinlich viel zu tun. Natürlich musste in genau diesem Moment das passieren, was absolut nicht passieren durfte: Die Telefonanlage fiel aus. Nichts ging mehr. Handys gab es damals noch nicht, und so standen wir da, abgeschnitten von der Außenwelt und ohne Möglichkeit, den Oberarzt per Telefon zu erreichen.

Was also tun, wenn man den Oberarzt dringend braucht? Es gab nur eine Möglichkeit: hoch unters Dach steigen! Dort oben befanden sich die Bereitschaftszimmer der Ärzte und OP-Schwestern. Und wie das so ist, wo Menschen arbeiten, blüht auch das Zwischenmenschliche – man wusste nie genau, wer gerade wo schlief und vor allem mit wem. Die Gerüchteküche brodelte ständig. Aber mir war das in dem Moment egal, ich musste den Oberarzt aus dem Bett klopfen. Zum Glück wusste ich, dass er eine der treuesten Seelen dort oben war und ganz sicher in seinem Zimmer lag.

Also stand ich nun vor seiner Tür und klopfte an. Nichts rührte sich. Ich klopfte lauter und endlich hörte ich Schritte. Die Tür wurde aufgerissen, und vor mir stand der völlig verschlafene Oberarzt – im gestreiften Schlafanzug und mit einer Schlafmütze auf dem Kopf! Er sah aus wie eine Figur aus einem Wilhelm-Busch-Comic, und ich musste mir sehr das Lachen verkneifen. Mit einem Schmunzeln schilderte ich ihm die Situation im Kreißsaal und ohne groß zu überlegen, wollte er gleich loslaufen. Da hielt ich ihn zurück und fragte, ob er sich nicht wenigstens einen Kittel überziehen wolle. Er blickte an sich herunter, sah die gestreiften Schlafanzughosen und die Schlafmütze und musste selbst lachen. „Du hast wohl Recht", meinte er, nahm die Mütze ab, zog sich einen Kittel über und los ging's. Der Anblick von ihm, wie er im weißen Kittel mit gestreiften Schlafanzughosen darunter durch den Kreißsaal marschierte, war einfach köstlich.

Apropos Zwischenmenschliches:

Auch im Kreißsaal war man vor den Avancen mancher männlicher Begleitpersonen nicht immer sicher.

Ich persönlich finde es absolut widerwärtig, wenn Begleitpersonen meinen, sie müssten die Hebamme anmachen, während ihre Partnerin in den Wehen liegt. Wie kann 'Mann' so etwas tun? Einmal während meines Nachtdienstes ging das Ganze sogar so weit, dass ich mich weigerte, alleine weiterzuarbeiten. Dieser Mann hatte sämtliche Grenzen überschritten.

Trotz meiner wiederholten Ermahnungen und dem klaren Hinweis auf die Unangemessenheit seines Verhaltens, ließ er nicht davon ab, anzügliche Bemerkungen zu machen. Es begann mit harmlosen Berührungen am Arm und Rücken, doch dann wagte er es, mich auch am Po zu berühren. Das war der Punkt, an dem mein Geduldsfaden riss. Ich habe ja normalerweise ein dickes Fell, aber hier war Schluss. Ich rief unsere diensthabende Ärztin an und schilderte ihr den Fall. Sie kam sofort in den Kreißsaal und stellte den Mann zur Rede.

Mit einer Kälte in der Stimme, die auch den hartgesottensten Typen zum Zittern gebracht hätte, erklärte sie ihm, dass sie ab sofort im Kreißsaal anwesend bleiben würde. Sollte er sein Verhalten nicht sofort ändern, würde sie die Polizei rufen und ihm ein Platzverbot erteilen lassen. Der Mann, plötzlich ganz kleinlaut, versicherte, dass das alles nur ein Missverständnis gewesen sei und bat uns inständig, seiner Frau nichts davon zu erzählen. Das Widerlichste an der ganzen Sache war, dass die beiden in meinem Dorf wohnten. Natürlich hatte ich Bedenken, was die

Zukunft anging, aber – ihr werdet es nicht glauben – immer, wenn ich die beiden oder ihn alleine später traf, waren sie beziehungsweise er unheimlich freundlich und zuvorkommend. Wahrscheinlich wollte er sicherstellen, dass ich dichthielt. Aber ich konnte mir jedes Mal ein innerliches Kopfschütteln nicht verkneifen.

21.Kapitel

Ihr denkt jetzt bestimmt, dass es im Kreißsaal immer so aufregend zugeht. Leider muss ich euch enttäuschen – das ist und war nicht immer der Fall. Natürlich habe ich in den fast 40 Jahren als Hebamme einiges erlebt, was das Herz schneller schlagen lässt, aber die meiste Zeit war es eher das Alltagsgeschäft. Tatsächlich war ich die meiste Zeit im Spät- oder Nachtdienst eingeteilt. Frühdienste waren eher eine seltene Ausnahme. Von 20 Arbeitstagen hatte ich mindestens sieben bis acht Nachtdienste und oft auch acht bis zehn Spätdienste. Damit blieben nur wenige Frühdienste übrig, was meine innige Beziehung zum Wecker durchaus gefördert hat. Diese Konstellation machte das Familienleben natürlich nicht gerade einfach, und ich gebe zu, dass ich manchmal ein schlechtes Gewissen hatte. Ich glaube ernsthaft, dass ich bei meinen beiden ersten Kindern einiges verpasst habe. Leider lässt sich diese Zeit nicht mehr zurückholen, und das tut mir sehr, sehr leid.

Aber trotz der verpassten Momente zu Hause gab es auch unzählige schöne Erlebnisse im Kreißsaal. Ich habe viele Frauen unter der Geburt betreut und mehr als 1000 Kinder auf diese Welt begleitet. Das erfüllt mich mit einem unheimlichen Stolz. Mittlerweile bin ich sogar schon in der Lage, die Kinder, die ich einst auf diese Welt begleitet habe, dabei zu unterstützen, ihre eigenen Babys zu bekommen. Da merkt man dann doch, wie schnell die Zeit vergeht – und wie viele Generationen man in den Händen gehalten hat.

Nachdem ich mein zweites Kind bekommen hatte und nach der Elternzeit wieder in den Beruf einstieg, musste ich allerdings feststellen, dass sich in meiner Abwesenheit einiges verändert hatte. Die Wende war vorüber und wie so oft in solchen Zeiten, wurde überall Personal eingespart. Plötzlich war ich im Spät- und Nachtdienst ganz alleine im Kreißsaal. Keine Kollegin weit und breit, auf die man sich verlassen konnte, wenn es mal brenzlig wurde. Diese Umstellung war alles andere als einfach und bereitete mir so manchen schlaflosen Tag – nachts war ich ja beschäftigt.

Die Einsparungen gingen sogar so weit, dass wir Hebammen nun auch auf der Entbindungsstation arbeiten mussten, um zu verhindern, dass eine von uns entlassen wurde. Das bedeutete jedoch, dass Schwestern von der Entbindungsstation versetzt wurden und das sorgte natürlich für Spannungen und Unmut. Die Feindseligkeit war teilweise regelrecht greifbar.

Man musste sich seinen Platz hart erkämpfen und ich kann euch sagen, die Konkurrenz in einem Krankenhaus ist nicht zu unterschätzen. Es war fast wie in einer Tierdokumentation: Die Rangkämpfe im Kreißsaal, wer zuerst zum Kaffeeautomaten kommt oder wer das letzte Stück Kuchen aus dem Schwesternzimmer holt – das waren die wahren Herausforderungen! Natürlich meine ich das im übertragenen Sinne.

Zu diesem Zeitpunkt hatte ich schon in 3 verschiedenen Krankenhäusern gearbeitet und wie ihr ja gelesen habt viel erlebt, aber ich hatte Hunger nach einer neuen Herausforderung.

Und als wäre das nicht schon genug Abenteuer gewesen, entschloss ich mich, zusätzlich freiberuflich tätig zu werden. Oh man, was für ein Schritt! Also schnell noch ein paar Weiterbildungen besucht und dann mit einem beherzten Sprung ins kalte Wasser der Selbstständigkeit. Ich sage euch, das war nicht nur ein Hopser, sondern eher ein Kopfsprung vom 10-Meter-Turm. Ohne Vorwarnung, ohne Schwimmflügel, einfach rein ins kalte Wasser.

Die Selbstständigkeit brachte natürlich ihre eigenen Herausforderungen mit sich. Plötzlich war ich nicht mehr nur Hebamme, sondern auch Buchhalterin, Marketingexpertin und Kundendienst in einem. Aber wie sagt man so schön? Wer nichts wagt, der nichts gewinnt. Und irgendwie habe ich es geschafft, mich durchzuschlagen und dabei noch eine ganze

Menge Spaß zu haben – auch wenn der Weg dorthin nicht immer einfach und oft auch sehr steinig war.

Meine Jahre zwischen Kreißsaal und Freiberuflichkeit

22.Kapitel

Was nun begann, hat mich wirklich nachhaltig geprägt. Meine Sichtweise auf die Gesamtheit von Schwangerschaft, Geburt, Wochenbett und das erste Jahr mit Kind bekam durch die ganzheitliche Betreuung einen völlig neuen Blickwinkel. Zwar hatte ich während meiner Ausbildung auch die Entbindungsstation kennengelernt, aber danach war Schluss. In der Klinik sah ich die Schwangerschaften meist nur, wenn es Probleme gab. Der Alltag und die vielen kleinen Herausforderungen einer normalen Schwangerschaft blieben mir bis dahin verborgen.

Eigentlich hatte ich gar nicht vor, freiberuflich zu arbeiten. Doch auf mehr oder weniger sanften Druck meines Arbeitgebers hin wollte ich es dann wenigstens einmal ausprobieren. Und siehe da, gleich am zweiten Tag meiner Freiberuflichkeit meldete sich eine junge Mutter, die gerade ihr zweites Kind bekommen hatte. Da ich zu dieser Zeit noch Vollzeit in der Klinik angestellt war, nahm ich nur maximal zwei bis drei Frauen pro Monat zur Nachsorge an. Das war auch wirklich genug, denn ich musste einen ganz schönen Spagat hinlegen, um Familie, Freiberuflichkeit und Klinik unter einen Hut zu bekommen. Dazu muss ich erklären, dass die Betreuung damals noch ganz anders war. Nicht von der eigentlichen Arbeit her, sondern vom Umfang. Man hatte ein viel geringeres Kontingent an Hausbesuchen als heute.

Die besagte erste Betreuung war jedoch alles andere als einfach, und dass ausgerechnet wegen einer winzigen Verwechslung, die zu großen Problemen führte. Natürlich war ich furchtbar aufgeregt – schließlich wollte ich alles richtig machen und einen guten Start in mein neues berufliches Abenteuer hinlegen. Meine zu betreuenden Frauen wohnten fast alle auf dem Land und die Anfahrtswege waren meist sehr lang. Ein richtig gutes Navigationsgerät gab es damals noch nicht, und auch Handys waren Mangelware und so groß wie eine Frauenhandtasche. Alle Absprachen liefen über das gute alte Festnetztelefon, was die Sache nicht gerade einfacher machte. Und was soll ich sagen – das Finden der Wohnorte war eine echte Herausforderung. Meine Güte, wie oft lief ich auf endlosen Feldwegen umher und suchte verzweifelt nach Hausnummern, die entweder nicht stimmten oder schlichtweg nicht existierten! Manchmal musste ich mich durchfragen, bis ich dann endlich „Ausbau Nummer sowieso" gefunden hatte. Aber ich schweife ab.

Bei dieser jungen Mutter stellte sich heraus, dass ihr Baby nicht genug zunahm. Die kleine Maus wurde mit der Flasche gefüttert, weil das Stillen für die Mutter nicht funktionierte. Doch egal, was wir versuchten, das Gewicht des Babys blieb unverändert. Eines Tages zeigte die Waage sogar weniger an. Ich sagte der Mutter, dass, wenn es so weitergeht, die Kleine zum Arzt und möglicherweise ins Krankenhaus müsste. Ich bat sie darum, das Baby selbst füttern zu dürfen, um mir ein Bild vom Trinkverhalten der Kleinen machen zu können. Gesagt, getan – die Mutter brachte mir das Fläschchen. Doch als ich mir die Flasche ansah, fiel mir sofort etwas auf: Die Milch sah irgendwie wässrig und dünn aus. Etwas stutzig geworden bat ich die Mutter, mir zu zeigen, welche Nahrung sie verwendete und wie sie die Milch zubereitete.

Also marschierten wir gemeinsam in die Küche. An der Nahrung selbst gab es nichts auszusetzen. Doch als sie mir zeigte, wie sie die Milch zubereitete, fiel mir fast die Flasche aus der Hand. Sie hatte sich bei der Zubereitung der Nahrung tatsächlich in der Spalte der Gebrauchsanweisung vertan! Die kleine Maus bekam nur die Hälfte der Nahrungsmenge auf die doppelte Menge Wasser – im Grunde genommen hielt die Mutter ihr Baby versehentlich auf Diät! Ich konnte mir ein Lachen nicht verkneifen und klärte die Mutter sofort auf. Als sie realisierte, was passiert war, fasste sie sich an den Kopf und fragte sich, wie ihr das nur passieren konnte. Aber Hauptsache, der Fall war gelöst!

Ein paar Tage später zeigte die Waage endlich die erhoffte Gewichtszunahme und wir feierten unseren kleinen Erfolg mit einem Glas Saft. Noch heute, wenn wir uns mal zufällig treffen, kommt diese Geschichte immer wieder zur Sprache. Es ist besonders schön, dass die besagte Tochter heute schon vier eigene Kinder hat, die ebenfalls von mir betreut wurden. So schließt sich der Kreis, und es gibt immer wieder etwas zu lachen.

Diese erste Nachsorge hat mich gelehrt, immer besonders darauf zu achten, wie die Flaschennahrung zubereitet wird, wenn die Gewichtsentwicklung eines Babys nicht stimmt. Manchmal sind es eben die kleinen Dinge, die den größten Unterschied machen – und für die besten Geschichten sorgen!

Die Zeiten auf der Entbindungsstation waren nicht nur von ernsten Momenten geprägt, sondern auch von einigen sehr lustigen und merkwürdigen Ereignissen. Es gibt Geschichten, die selbst nach all den Jahren noch für ein Schmunzeln sorgen – Geschichten, die man einfach nicht vergisst.

23.Kapitel

Eine solche Begebenheit ereignete sich während eines meiner vielen Spätdienste. Auf der Station lag eine Schwangere, die Bettruhe verordnet bekommen hatte, da sie vorzeitige Wehen hatte. Es stand auf der

Kippe, ob das Baby noch gewillt war, im Bauch zu bleiben oder ob es schon viel zu früh seinen großen Auftritt hinlegen wollte. Plötzlich klingelte die Patientin, und ich machte mich auf den Weg zu ihr, gespannt darauf, was ihr Anliegen sein könnte.

Als ich bei ihr ankam und fragte, was sie benötige, schaute sie mich mit einem ganz ernsten Gesichtsausdruck an und sagte: „Könnten Sie sich bitte vor die Tür stellen, wenn mein Mann zu Besuch kommt? Und darauf achten, dass niemand hereinkommt?" Ich war so perplex, dass mir im ersten Moment die Worte fehlten. Warum sollte ich mich vor die Tür stellen? Doch dann dämmerte es mir, warum sie mich darum bat, und mir ging ein Licht auf.

„Moment mal", dachte ich, „das kann doch nicht ihr Ernst sein!" Als es mir schließlich klar wurde, schaute ich sie entgeistert an und erklärte ihr, dass ich kein Türsteher bin und sie sich doch bitte daran erinnern möge, warum sie hier mit strenger Bettruhe lag. Doch anstatt Einsicht zu zeigen, war sie empört darüber, dass ich ihrem Wunsch nicht nachkam. Schließlich wollte ihr Mann doch Sex haben! Ja, ihr habt richtig gehört: Sex – in einem Krankenhausbett, mit vorzeitigen Wehen und der Aussicht auf eine Frühgeburt. Ich konnte es nicht fassen!

Aber da ließ ich mich nicht lange bitten und nahm mir den besagten Mann zur Brust. Als ich ihn zur Rede stellte, wurde er rot wie eine Tomate und plötzlich ganz kleinlaut. Er versicherte mir dann mit zitternder Stimme, dass er „artig" sein würde. Ja, genau das sagte er: „artig sein." Also ehrlich, Leute gibt's, die gibt's gar nicht!

Und als ob dieser Vorfall nicht schon kurios genug wäre, hatte ich auch noch das Vergnügen, eine Wöchnerin zur Blutentnahme zu suchen – vergeblich, wohlgemerkt. Ihre Zimmermitbewohnerin verriet mir schließlich verschämt, dass sie auf dem Balkon sei. Naiv wie ich war, dachte ich natürlich, sie würde dort stehen und rauchen. Also stapfte ich hinaus auf den Balkon, doch was ich sah, ließ mich kurz sprachlos werden.

Statt einer rauchenden Frau fand ich die Wöchnerin mitten in... sagen wir, einer anderen Art von Beschäftigung – mit ihrem Mann. Und das bei Schneefall und Temperaturen unter 0 Grad! Dazu muss man wissen, dass unser Balkon ein sogenannter französischer Balkon war, also extrem schmal. Man konnte dort kaum alleine stehen, geschweige denn zu zweit... und trotzdem schafften sie es, sich in dieser Situation voll und ganz aufeinander zu konzentrieren. So konzentriert, dass sie mich gar nicht bemerkten!

Nachdem ich mich von dem Anblick erholt hatte, ging ich wieder hinein und gab der anderen Mutter den Auftrag, der Dame auszurichten, sie möge doch bitte zur Blutentnahme ins Schwesternzimmer kommen. Als sie dann wenig später erschien, tat sie so, als wäre nichts gewesen. Doch ihr rotes Gesicht verriet sie – sie wusste ganz genau, dass ich Bescheid wusste.

Aber nicht nur die Patienten, auch unsere Klinik hielt immer wieder Überraschungen bereit. Ihr erinnert euch sicher an die Büste von Semmelweis, die ich bei meinem Vorstellungsgespräch übersehen hatte. Nun, ein paar Jahre später stand diese Büste auf der Entbindungsstation, und wieder einmal hatte ich Spätdienst. Ich war gerade mit meiner Kollegin im Kinderzimmer beschäftigt, wo wir die Babys versorgten. Als ich dann mit meinem Wagen das Abendbrot auf der Station austeilte, bemerkte ich, dass irgendetwas anders war. Es dauerte einen Moment, bis ich es bemerkte: Semmelweis war weg!

Oh Mann, das konnte doch nicht wahr sein! Aber es kam noch schlimmer. Im Laufe des Abends stellte sich heraus, dass nicht nur die Büste verschwunden war. Auch ein Bett, die gesamten Terrakotta-Kugeln aus den Kunstblumen, ein Rollstuhl und sogar ein Telefon, das aus der Wand gerissen worden war, fehlten.

Was um Himmels willen wollte man mit diesen Dingen anfangen? Die Befragung der Anwesenden ergab, dass die Diebe sehr professionell vorgegangen waren. Sie hatten sich mit einem LKW vor den Eingang der Klinik gestellt, zwei Männer in blauer Arbeitskleidung, die aussahen wie ganz normale Handwerker. Und sie hatten tatsächlich unter den Augen des Pförtners alles auf den LKW verladen und waren dann seelenruhig davongefahren.

Man, war ich froh, dass ich das nicht alleine zu verantworten hatte! Die Sachen sind übrigens nie wieder aufgetaucht, aber wir haben mittlerweile eine andere Büste von Semmelweis bekommen. Was man nicht alles erlebt im Krankenhausalltag!

24.Kapitel

Noch sehr gut kann ich mich an die Geburt des schwersten Babys erinnern, das ich je auf diese Welt begleitet habe. In meiner Ausbildung wurden wir immer wieder darauf getrimmt, die Handgriffe zum Ertasten des Babys ausführlich zu erlernen und vor allem richtig zu interpretieren. Diese sogenannten Leopold'schen Handgriffe sind mir mittlerweile in Fleisch und Blut übergegangen. Mit diesen Griffen kann man nicht nur die Lage des Kindes genau verstellen, sondern auch das Gewicht beurteilen. Ultraschall wurde in den ersten Jahren meiner Laufbahn dazu nur selten eingesetzt – wir verließen uns also größtenteils auf unser Fingerspitzengefühl und die guten alten Handgriffe. Diese sind auch heute noch oft genauer als es der Ultraschall sein kann.

Eines Tages kam eine doch recht kleine Frau mit Wehen zur Aufnahme in den Kreißsaal. Sie wirkte auf den ersten Blick so zierlich, dass ich mir dachte: „Oh je, hoffentlich passt das Baby für sie." Natürlich machte ich gleich die Leopold'schen Handgriffe, um die Lage und das geschätzte Gewicht des Babys zu ermitteln. Nach meiner Einschätzung würde das Baby recht groß werden, so um die 4500 bis 4800 Gramm, dachte ich mir. „Na, das wird ja spannend," ging es mir durch den Kopf. Doch lange Zeit zum Grübeln blieb mir nicht, denn das Baby hatte es sehr eilig – sogar sehr, sehr eilig!

Kaum hatte ich die junge Frau aufgenommen, schon kündigte sich die Geburt an. Alles musste ganz schnell gehen: „Ab in den Saal 2!" rief ich noch, und schon ging das Pressen los. Das Köpfchen wurde geboren, aber etwas irritierte mich. „Wo ist nur das Gesichtchen?" fragte ich mich still. Zunächst dachte ich, es könnte ein Sternenkuckerbaby sein – ein Baby, das mit dem Gesicht nach oben und nicht nach unten geboren wird, was eine etwas kompliziertere Geburt bedeuten kann. Doch weit gefehlt! Das Köpfchen war einfach nur so groß, dass es die Lage vorgetäuscht hatte. „Oh Mann, das Baby ist ja riesig!" schoss es mir durch den Kopf.

Nun kam der heikle Moment, die Schultern zu entwickeln. Bloß keine Schulterdystokie riskieren, dachte ich mir, denn dabei könnten die Schultern des Babys stecken bleiben – eine Situation, die wirklich niemand erleben will. Meine Kollegin sprang sofort mit ein und half der jungen Frau mit dem sogenannten McRoberts-Manöver, bei dem die Beine der Frau einmal nach oben gehoben und dann nach ganz unten abgelegt werden. Noch einmal kräftig mitgedrückt und schon war das Baby geboren. Puh, was für eine Erleichterung!

Als ich der Mutter mit einem unendlichen Gefühl der Erleichterung das Baby auf den Bauch legte, mussten wir alle lachen. Der kleine Mann reichte ihr vom Kinn bis auf die Oberschenkel! „Wo hast du dieses Prachtexemplar von 5650 Gramm und 63 cm Länge in deinem Bauch nur versteckt?" fragte ich die Mutter lachend. Es war ein beeindruckender Anblick – dieses kleine, riesige Wunder! Der Kleine sah tatsächlich aus als würde er gleich loslaufen und singen: „Hurra ich bin ein Schulkind."

Doch dann kam unser Kreißsaalarzt hereingestürmt und hielt gleich mal eine Standpauke. „Wie konnten Sie die Größe des Babys nicht richtig einschätzen? Warum wurde kein Ultraschall gemacht? Aus Sicherheitsgründen hätte doch ein Kaiserschnitt gemacht werden müssen!" schimpfte er. Ich erklärte ihm, dass wir für all das schlichtweg keine Zeit mehr gehabt hatten – der kleine Robert hatte es nun mal sehr eilig und die Mutter war bis zur Geburt noch nicht einmal 20 Minuten im Kreißsaal gewesen. Das ließ den Doc dann auch einsehen, dass wir keine andere Wahl gehabt hatten. Außerdem war ja alles gut gegangen.

Den Kinderarzt hatte ich vorsorglich schon rufen lassen, damit der Kleine gründlich untersucht werden konnte. So gab es am Ende nichts mehr zu meckern, und der kleine Robert durfte stolz den Titel „schwerstes Baby" in meiner Kreißsaalgeschichte tragen. Bis heute erinnere ich mich gerne an diese aufregende Geburt und an den kleinen, großen Robert, der so dringend auf die Welt wollte!

Das Glück, im Kreißsaal Zwillinge oder sogar Drillinge auf die Welt zu begleiten, ist selten. Noch seltener ist dann die Geburt von Zwillingen, die sich partout nicht auf einen gemeinsamen Geburtstag einigen können – sprich, genau über Mitternacht geboren werden. Eine solche verrückte Nacht hatte ich mit einer jungen Frau, die mit Zwillingen schwanger war. Ihr könnt euch vorstellen, wie die Spannung im Kreißsaal knisterte. Die beiden kleinen Wonneproppen schienen unbedingt den Kalenderwechsel als ihren Moment zu wählen. Ich versuchte alles, um sie davon zu überzeugen, dass es viel schöner wäre, gemeinsam an einem Tag Geburtstag zu haben. Aber, wie es eben manchmal so ist, hatten die zwei ihre eigenen Pläne.

Der erste Zwilling machte seinen großen Auftritt um 23:58 Uhr – gerade noch rechtzeitig, um sich den letzten Platz im alten Tag zu sichern. Kaum war er da, ging der Countdown für seinen Bruder los. Alle hielten die Luft an, vielleicht würden wir es ja doch noch schaffen? Aber nein, der zweite Zwilling ließ sich nicht hetzen und genoss seinen exklusiven Moment in der Warteschleife. Um 00:11 Uhr war es dann soweit – der Bruder entschied sich schließlich, auch mal das Licht der Welt zu erblicken und das direkt mit einem frischen, neuen Datum im Geburtsregister. Die Mutter, ganz pragmatisch, nahm das Ganze mit einem Schulterzucken und meinte: „Dann kann eben jeder seinen Geburtstag alleine feiern, wenn sie groß sind." Ich musste schmunzeln und dachte mir: Das sind wohl zwei ganz besondere Jungs.

Über die Jahre hatte ich das Glück, 15 Zwillingspärchen und sogar zweimal Drillinge auf diese Welt zu begleiten. Jedes Mal war es ein Abenteuer, und jedes Mal war es ein bisschen anders. Ich zähle hier aber nur die von mir geleiteten Geburten. Da wir ja damals noch oft zu zweit oder im Frühdienst noch mehr Hebammen waren, war ich natürlich bei viel mehr Geburten anwesend. Das lässt sich nicht mehr zählen, notiert habe ich mir nur meine selbstgeleiteten Geburten. Doch nicht nur im Kreißsaal sorgten Zwillinge für Herausforderungen, auch in der Nachsorge stellten sie mich manchmal auf eine harte Probe.

25.Kapitel

Ein besonders denkwürdiger Fall war der zweier eineiiger Zwillingsjungen, die mir und ihrer Mutter wirklich das Leben schwer machten. Diese beiden kleinen Rabauken waren weder zu früh noch untergewichtig auf die Welt gekommen – eine schöne, schnelle Spontangeburt war es gewesen. Nach drei Tagen in der Klinik ging die frischgebackene Mutter mit ihren beiden Jungs nach Hause, und ich begann mit der Wochenbettbetreuung, auch Nachsorge genannt. Aber die Idylle täuschte, denn die beiden kleinen Racker waren echte Quälgeister. Stets zornig und unwillig, schrien sie viel und wollten einfach nicht schlafen. Sie hatten jeder ein Bettchen für sich, aber die Mutter dachte, dass sie erstmal zusammen in einem Bett besser aufgehoben wären. Schließlich waren sie ja eineiige Zwillinge, die sich schon im Mutterleib nahe gewesen waren – das sollte doch beruhigend wirken, oder?

Weit gefehlt! Wir versuchten alles: Bonding-Bäder, Pucken, Osteopathie und sämtliche andere Tricks, die uns einfielen. Für diejenigen, die nicht in der Hebammenwelt zu Hause sind: Ein Bonding-Bad ist eine heilsame Methode, um die Bindung zwischen Mutter und Baby zu verstärken oder nachzuholen. Beim Pucken wird das Baby fest in ein Tuch oder eine Decke eingewickelt, um ihm ein Gefühl von Geborgenheit zu geben. Doch nichts, aber auch gar nichts schien zu helfen. Die Mutter war völlig verzweifelt und ich konnte es ihr nicht verdenken. Die Kleinen waren einfach die ganze Zeit übellaunig und schrien was das Zeug hält.

Eines Tages, als die Mutter kurz davor war, die Nerven zu verlieren, bot ihre Schwester an, mit den beiden Jungs spazieren zu gehen. Zufällig war ich genau zu dieser Zeit zur Nachsorge da. Ich beschloss, die Gelegenheit zu nutzen und die beiden kleinen Schreihälse schnell zu wiegen und ihre Bauchnabel zu kontrollieren. Natürlich schrien sie sich auch auf dem Wickeltisch wieder die Lungen aus dem Hals – das war ja schon Standard bei diesen beiden. Also beeilte ich mich, damit sie nicht allzu lange warten mussten. Wir zogen einen Zwilling an und legten ihn in den Kinderwagen. Der andere musste noch einmal umgezogen werden, weil er sich komplett bespuckt hatte. Und plötzlich geschah das Wunder: Beide waren mit einem Mal ruhig!

Ich traute meinen Ohren nicht. Wieso waren sie ruhig, wo sie doch sonst immer in Stereo schrien? Der eine lag draußen im Wagen, der andere drinnen auf dem Wickeltisch – also getrennt voneinander. Kaum legten wir den zweiten Zwilling mit in den Wagen, ging das Geschrei wieder los. Das war schon ein bisschen verdächtig. Also grübelte ich, und dabei kam mir eine unglaubliche Idee: Könnte es sein, dass diese beiden es einfach nicht ertrugen, nebeneinander zu liegen? Ich fragte die Mutter, ob die beiden Jungs jemals getrennt gewesen seien oder ob sie immer im selben Zimmer und Bett waren. Die Mutter bestätigte, dass sie die beiden nie getrennt hatte – schließlich war das für sie praktischer, so konnte sie beide gleichzeitig im Auge behalten und versorgen.

Ich schlug vor, einen Versuch zu starten: Die Kinder sollten so oft wie möglich getrennt voneinander sein, am besten nicht einmal im selben Raum und schon gar nicht im selben Bett. Ihr werdet es nicht glauben, aber von da an war endlich Ruhe im Haus! Diese zwei kleinen Burschen konnten sich offensichtlich nicht ausstehen, aber mit dieser simplen Lösung kehrte endlich Frieden ein. Die Mutter war so erleichtert, dass sie sich erst einmal hinsetzte und weinte – diesmal aus Freude.

Jahre später traf ich die Mutter zufällig wieder und sie erzählte mir, dass die beiden Jungs sich bis heute nicht besser verstehen und sie sie sogar in verschiedene Kindergartengruppen anmelden musste, um Streit zu vermeiden. Ich sage ja immer: „Sachen gibt's, die gibt es gar nicht."

Apropos Sachen, da fallen mir gleich die wunderbaren Aufmerksamkeiten ein, die ich im Laufe der Jahre von meinen Frauen als Dank geschenkt bekommen habe. Natürlich setzt niemand Geschenke als Dank voraus – ich schon gar nicht. Mir war es immer eher etwas peinlich, aber insgeheim habe ich mich unwahrscheinlich darüber gefreut. Denn seien wir ehrlich, wer mag keine Überraschungen? Obwohl die größte Belohnung für mich und meine Arbeit immer war, wenn die Familien mich weiterempfohlen haben. Die absolute Krönung war jedoch, wenn sie sich bei der nächsten Schwangerschaft wieder bei mir anmeldeten. Das machte mich jedes Mal unglaublich stolz und froh – das war das wahre Gütesiegel für meine Arbeit.

Aber was ich im Laufe der Jahre nicht alles geschenkt bekommen habe! Natürlich gab es immer wieder Pralinen, die sich vor allem auf meinen Hüften bemerkbar machten. Fotos der kleinen Racker, die ich auf diese Welt begleitet oder in der Nachsorge hatte, zieren noch heute die Wände meiner Praxis. Ein wahres Kinderfotomuseum ist das mittlerweile! Topfpflanzen gab es auch reichlich – da ich allerdings keinen grünen Daumen besitze und viele dieser grünen Freunde leider das Zeitliche segneten, hatte ich es so immer sehr hübsch und abwechslungsreich in meiner Praxis. Es wechselte ständig das Pflanzensortiment!

Wein und Sekt fanden in meinem Haushalt ebenfalls immer ein gemütliches Plätzchen, so dass ich für jede Gelegenheit bestens gerüstet war. Doch das Thema Kaffee brachte die größte Überraschung. Anfangs bekam ich so lange Kaffee, bis ich meinen Frauen erklärte, dass ich gar keinen Kaffee trinke. Ab da war dann die Teeliebhaberin in mir gefragt und ich erhielt von da an eine bunte Palette an Teesorten – genug, um eine eigene Teestube zu eröffnen!

Einmal wurde mir sogar ein kostenloses Tattoo angeboten. Das lehnte ich jedoch dankend ab, da ich auf diese Art der Körperbemalung überhaupt nicht stehe. Die Vorstellung, mit einem „I love Babies"-Tattoo über den Arm in die nächste Geburt zu gehen, ließ mich dann doch eher schmunzeln als begeistert auf die Nadel zu warten. Restaurantgutscheine waren eine andere Geschichte – sie haben mir so manchen Feierabend versüßt und mich kulinarisch verwöhnt. Selbstgebastelte Dinge zur Dekoration haben meine Praxis und auch mein Zuhause verschönert und tun es noch immer. Von liebevoll gestalteten Windelbabys bis hin zu kreativen Kuscheltieren – es war alles dabei, und jedes Stück erzählt seine eigene Geschichte.

Einen Weihnachtsbaum? Ja, richtig gelesen! Einmal bekam ich tatsächlich einen Weihnachtsbaum geschenkt. Der Baum kam samt Lichterkette und Kugeln – also wirklich alles inklusive. Es war ein ganz besonderes Weihnachtsfest in diesem Jahr und ich musste nicht im Regen herumlaufen, um einen Baum zu kaufen.

Aber das ungewöhnlichste Geschenk, das mir jemals gemacht wurde, war ein ganz besonderes Angebot: Mir wurde vorgeschlagen, mir aus einer Sammlung Waffen eine zu meinem Schutz auszusuchen. Ja, ihr habt richtig gehört, ich stand tatsächlich vor einer ganzen Sammlung von Waffen und sollte mir eine aussuchen! Da ich in jungen Jahren Sportschützin gewesen war, war die Versuchung groß, tatsächlich eine zu nehmen – der Gedanke an eine Hebamme mit Revolver am Gürtel hat doch einen gewissen Reiz, oder? Aber meine Vernunft hat gesiegt und ich habe dankend abgelehnt. Die Vorstellung, eine Hebamme mit Waffe zu sein, war dann doch etwas zu viel des

Guten. Ich habe dann lieber zu den Pralinen und Tees gegriffen.

Trotz dieser abenteuerlichen Geschenke bleibt der größte Dank für mich die Anerkennung meiner Arbeit und die lieben Worte der Familien. Danke euch allen, ich bin immer noch gerührt über so viel Anerkennung meiner Hebammenarbeit!

26.Kapitel

Manchmal ist man als Hebamme ja auch zu einigem Schabernack bereit. Deshalb möchte ich euch von einem meiner denkwürdigsten Späße erzählen. Es war einmal ein sehr liebes Paar, Herr und Frau Pastor, das zur Geburt im Kreißsaal war. Der zukünftige Papa war die personifizierte Fürsorge – ein wahrer Engel! Aber dieser Engel hatte eine kleine, sagen wir, obsessive Leidenschaft: Er wollte jeden einzelnen Moment dieser Geburt dokumentieren. Wirklich alles. Kein Detail sollte seiner Kamera entgehen. Ob seine Frau am CTG, in der Badewanne oder sogar – und jetzt haltet euch fest – auf der Toilette war, er fotografierte fleißig. Ihr könnt euch vorstellen, dass das seiner Frau und auch mir irgendwann ziemlich auf die Nerven ging. Aber er war unermüdlich, wahrscheinlich dachte er, er drehe den nächsten großen Dokumentarfilm über das Wunder des Lebens.

Nun hatte sich die Frau den roten Kreißsaal ausgesucht, und ich hatte sie ans CTG angeschlossen, während sie noch ein wenig umherlaufen wollte. In der Zwischenzeit bereitete ich den Kreißsaal für die Geburt vor – es gibt so einiges, das parat gestellt werden muss. Unter anderem stellte ich das kleine Tablett mit den Spritzen und Kanülen bereit, die wir für die Blutabnahme aus der Nabelschnur brauchen. Das ist völlig unspektakulär, dachte ich mir, nur zwei 10-ml-Spritzen und eine eingepackte Kanüle lagen darauf. Doch für unseren engagierten Vater war es wohl der ultimative Schock. Kaum hatte er einen Blick auf das Tablett geworfen, sackte er auch schon langsam, fast wie in Zeitlupe, in sich zusammen und landete, wie ein gefällter Baum, direkt neben dem Bett seiner Frau.

Da lag er nun, unser liebenswürdig nervige Herr Pastor. Zunächst überprüfte ich natürlich, ob er sich etwas getan hatte. Als ich sicher war, dass alles in Ordnung war, kam mir eine Idee: Dies war die perfekte Gelegenheit für eine kleine Racheaktion! Schließlich hatten wir uns beide – seine Frau und ich – inzwischen genug seiner ewigen „Fotografiererei" ausgesetzt gefühlt. Ich schnappte mir also seine Kamera und begann, ihn von allen Seiten zu fotografieren. Herr Pastor, kunstvoll drapiert zwischen Bett und Badewanne, in allen erdenklichen Posen – ein Anblick für die Ewigkeit! Seine Frau lachte so sehr, dass sie kaum noch atmen konnte.

Als der gute Mann schließlich wieder zu sich kam, erzählten wir ihm, was wir getan hatten. Und siehe da: Von diesem Moment an war die Kamera

Nebensache! Er nahm es uns jedoch nicht übel, im Gegenteil – er musste über sich selbst lachen und das Eis war endgültig gebrochen. Die Geburt verlief anschließend sehr schnell und ohne weitere Zwischenfälle. Wenn es eine Lehre aus dieser Geschichte gibt, dann die, dass Lachen im Kreißsaal die beste Medizin und Geburtshilfe zugleich sein kann.

Doch nicht alle Geburten verlaufen so heiter. Absurde Situationen gab es reichlich rund um die Geburt und manche entziehen sich bis heute meinem Verständnis. Eine junge Frau, die ich betreute, war bis zur Geburt völlig unauffällig. Es war ihr erstes Kind, und in jenen Tagen wussten wir das Geschlecht des Babys noch nicht vor der Geburt. Für mich als Hebamme war es immer ein besonderer Moment, den Müttern das Geschlecht ihres Kindes zu verkünden. So auch bei dieser nicht mehr ganz jungen Frau.

Die Geburt verlief zügig und nach nur zwei Presswehen lag das Baby vor mir. Mit einem strahlenden Lächeln sagte ich: „Herzlichen Glückwunsch, es ist ein Mädchen!" Doch anstatt der erwarteten Freude fuhr mich die Mutter plötzlich wütend an: „Bringen Sie das da weg! Ich will es nicht!" Mir gefror das Lächeln im Gesicht und ich dachte, ich höre nicht richtig. Aber sie wiederholte ihre Forderung, das Kind aus ihrem Sichtbereich zu schaffen. Fassungslos legte ich das kleine Mädchen vorsichtig in ein Wärmebettchen im Nebenraum und rief den Kinderarzt, damit er sich um die Kleine kümmerte. Ich musste ja schließlich zurück zu der Mutter und meine Arbeit fortsetzen.

Der Kinderarzt war schnell zur Stelle, untersuchte das kleine Mädchen und stellte fest, dass sie kerngesund war. Nachdem ich ihn über den merkwürdigen Vorfall informiert hatte, gingen wir zusammen zurück zur Mutter, um die Situation zu klären.

Als wir ins Zimmer traten, saß sie im Bett und sah uns mit einem bockigen Blick an – ja, bockig trifft es wohl am besten. Der Kinderarzt fragte sie sanft, warum sie ihr Baby nicht sehen wolle. Die Antwort, die darauf erfolgte, war so absurd, dass sie selbst in einem schlechten Film aus dem letzten Jahrhundert kaum glaubhaft gewesen wäre.

Sie erklärte uns, dass sie nur wegen eines Testamentes schwanger geworden sei. Laut Testament könne nur ein männlicher Nachkomme ein großes Anwesen in Kanada erben und da sie nun ein Mädchen bekommen habe, sei das Kind für sie wertlos. Sie hoffe nun, dass auch ihre Schwester nur ein Mädchen bekomme, damit sie es erneut versuchen könne.

Ich war sprachlos. Solche Szenen kannte ich bisher nur aus alten Schwarz-Weiß-Filmen und plötzlich stand ich mitten in einer ähnlichen absurden Situation. Die Frau blieb stur bei ihrer Meinung und wollte mit diesem Kind nichts zu tun haben. Sie weigerte sich sogar, eine Adoption zu unterschreiben. Für mich war das vollkommen unverständlich. Was konnte dieses kleine, unschuldige Mädchen dafür, dass sie nicht das "richtige" Geschlecht hatte? Warum sollte sie nicht die Chance bekommen, von anderen liebevollen Eltern adoptiert zu werden? Aber meine Meinung zählte in dieser Situation nicht und so blieb mir nichts anderes übrig, als weiter meine Arbeit zu machen.

Solche Erlebnisse prägen einen und lassen einen das Wesen mancher Menschen in einem ganz neuen Licht sehen. Sie lehren einen aber auch, dass man in meinem Beruf auf alles gefasst sein muss – selbst auf das Unfassbare.

Absurd war auch eine merkwürdige Begegnung mit einem Mann, die mir heute noch ein breites Grinsen ins Gesicht zaubert. Eines schönen Samstagnachmittags, als ich mich gerade auf eine entspannte Schicht eingestellt hatte, klingelte es an der Kreißsaaltür. Erwartungsvoll ging ich zur Tür, fest davon überzeugt, dass eine wehende Frau auf Einlass wartete. Weit gefehlt! Vor mir stand ein Mann, und was er dann fragte, brachte mich kurzzeitig aus dem Konzept: „Könnten Sie mir bitte einen Einlauf machen?" Ich muss wohl sehr ungläubig dreingeschaut haben, denn er fügte schnell hinzu: „Ich möchte doch so gerne mal dieses Gefühl erleben."

Meine Alarmglocken schrillten. Hatte ich doch schon von Kolleginnen anderer Kliniken gehört, die mit perversen Anrufen und anderen merkwürdigen

Vorfällen konfrontiert worden waren. Aber dass jemand so dreist wäre, direkt an der Kreißsaaltür zu klingeln, damit hatte ich nun wirklich nicht gerechnet! Dennoch blieb ich ruhig und professionell – schließlich hatte ich es hier wohl mit einer fehlgeleiteten Seele zu tun. Ich bat ihn höflich hinein und sagte ihm, er möge bitte kurz warten. Zum Glück war keine Frau im Kreißsaal anwesend, sonst hätte ich ihn keinesfalls hereingelassen.

Kaum war ich aus dem Raum, rief ich schnell meine Kreißsaalärzte zu Hilfe, die wiederum die Polizei verständigten. Während wir warteten, versuchte ich nicht daran zu denken, was dieser Mann sich wohl im Detail vorgestellt hatte. Er wirkte nicht bedrohlich, eher wie jemand, der Hilfe brauchte – nur eben nicht die Art von Hilfe, die er sich ursprünglich erhofft hatte. Als die Polizei eintraf, schien auch der Mann einzusehen, dass sein Plan wohl nicht der beste war. Er erklärte, dass er sich freiwillig auf die Psychiatrie bringen lassen wollte, und so wurde er auf seinen eigenen Wunsch hin in die Klinik begleitet. Was für eine absurde Begegnung! Ich muss zugeben, dass er mir ein wenig leidtat, aber ich war auch froh, dass der Vorfall so glimpflich abgelaufen war.

Natürlich ereigneten sich solche Vorfälle nicht jeden Tag. Es gab auch Zeiten, vor allem zwischen den Jahren 1992 bis 2000, die von gähnender Langeweile geprägt waren. Das war die Ära des großen Geburtenknicks nach der Wende, und manchmal verging eine ganze Woche, in der kein einziges Baby das Licht der Welt erblickte. Wenn dann wirklich nichts mehr zu putzen oder nachzufüllen war, half ich oft auf der Frühgeborenenstation oder der Entbindungsstation aus. Dort wurde die Hilfe gerne angenommen. Aber die Langeweile konnte mitunter ganz schön an den Nerven zehren – man fühlte sich teilweise sehr überflüssig. Aber auch diese Jahre vergingen irgendwann.

27.Kapitel

Ein besonders denkwürdiger Vorfall ereignete sich während eines meiner Nachtdienste. Es klingelte wild an der Kreißsaaltür und eine männliche Stimme rief verzweifelt nach einer Hebamme. In solchen Momenten geht man ja immer vom Schlimmsten aus, also stürmte ich zur Tür, in der Erwartung, eine Frau vorzufinden, die mit Presswehen dort stand, während ihr Mann kurz vor dem Nervenzusammenbruch war. Doch was fand ich? Nur den Mann, schweißnass und mit zerzausten Haaren, aber von der Frau keine Spur. Fragend sah ich ihn an und ging zur Treppe, um zu sehen, wo seine Frau geblieben war – schließlich konnte sie doch nicht weit sein! Aber weit gefehlt, da war sie nicht.

„Wo ist denn Ihre Frau?" fragte ich den Mann, der plötzlich blass wurde und wie von der Tarantel gestochen losrannte. Das musste man sich erst einmal vorstellen: ein Mann, der hektisch durch das Krankenhaus rennt, während er seine hochschwangere Frau irgendwo zurückgelassen hatte! Ich rief ihm noch hinterher, was denn los sei, aber er war schon außer Reichweite. Kopfschüttelnd ging ich zurück in den Kreißsaal und bereitete in Windeseile alles für eine bevorstehende Geburt vor – im Stillen vermutete ich bereits, was passiert war.

Und tatsächlich, etwa eine Viertelstunde später war er wieder da, diesmal mit seiner Frau im Schlepptau. Mit rotem Gesicht entschuldigte er sich. Ja, er hatte in seiner Aufregung tatsächlich seine Frau im Auto auf dem Parkplatz vergessen und nur die Kliniktasche mitgebracht. Man stelle sich das mal vor: Die arme Frau saß geduldig im Auto und wartete darauf, dass ihr Mann sie endlich abholte! Das Baby hatte es natürlich sehr, sehr eilig, also konzentrierte ich mich darauf, die Geburt so reibungslos wie möglich zu begleiten. Doch die Szene aus dem Auto ließ mich den ganze Nacht nicht mehr los. Immer wieder musste ich lachen, wenn ich daran dachte, wie der arme Kerl zuerst die Tasche, aber nicht seine Frau mitgebracht hatte.

Selbst unser Kreißsaalarzt, der normalerweise einen ziemlich trockenen Humor hatte, konnte sich nach der Geburt vor Lachen kaum halten, als ich ihm die Geschichte erzählte. Das Pärchen nahm es uns nicht übel – im Gegenteil, auch sie mussten immer wieder lachen, wenn sie sich ansahen. Dieser Vorfall wurde sicherlich noch oft auf Familienfeiern erzählt!

So sind es diese absurden, skurrilen Momente, die einem auch nach vielen Jahren im Gedächtnis bleiben. Und wenn man sie mit einem Augenzwinkern betrachtet, wird das manchmal schwere und herausfordernde Leben als Hebamme ein klein wenig leichter.

Spektakuläre Fälle hatte ich natürlich auch immer wieder einmal zu betreuen, und in meinen vielen Jahren als Hebamme habe ich so einiges gesehen. Einer der ganz besonderen, wenn auch teilweise traurigen Fälle, blieb mir bis heute lebhaft in Erinnerung.

Eine junge Frau war mit Zwillingen schwanger, aber leider verstarb einer der Zwillinge in der 25. Schwangerschaftswoche. Diese Nachricht war für die werdende Mutter zunächst ein schwerer Schlag, doch nach der ersten Trauer begann sie sich mehr und mehr auf das gesunde Baby zu konzentrieren, das weiterhin wuchs und gedieh. Aufgrund dieser schwierigen Situation lag die

junge Frau lange auf der Entbindungsstation und durch die vielen Wochen der Betreuung entwickelte sich eine Art freundschaftliches Verhältnis zwischen uns.

Eines Abends, während eines Spätdienstes, wurde sie mit Wehen in den Kreißsaal gebracht. Zu dieser Zeit hatte ich das Glück, nur sie als Patientin zu betreuen, was mir erlaubte, mich intensiv um sie zu kümmern. Da wir uns schon so lange kannten, wagte ich es, mit ihr über das bevorstehende Ereignis zu sprechen. Ich wollte im Vorfeld abklären, wie sie es mit dem zweiten Zwilling handhaben wollte. Wollte sie ihn sehen oder lieber warten, bis eine Vertrauensperson anwesend war? Ihre Antwort war überraschend: „Entscheiden Sie das für mich," sagte sie, „ich vertraue Ihnen." Nun, damit konnte ich leben, auch wenn mir das Gewicht dieser Verantwortung bewusst war.

Was ich jedoch nicht erwartet hatte, war, dass ich zum ersten Mal in meiner Karriere einen sogenannten Fötus papyraceus sehen würde. Dieser Begriff bezeichnet einen mumifizierten Fötus, der aufgrund seines frühen Ablebens im Mutterleib auf natürliche Weise konserviert wird. Als die Geburt schließlich stattfand und ich das unerwartete entdeckte, musste ich einen Moment innehalten, um das Gesehene zu verarbeiten. Mein überraschter Gesichtsausdruck blieb der Mutter natürlich nicht verborgen, und sie wollte sofort den zweiten Zwilling sehen. Also erklärte ich ihr ruhig und ausführlich, was sie erwartete. Trotz des traurigen Anblicks schien die Freude über das gesunde Baby die Trauer zu überwiegen. Die junge Mutter nahm Abschied auf ihre Weise, doch man konnte spüren, wie die Liebe zu ihrem neugeborenen Kind ihr half, die schmerzhaften Gefühle zu überwinden. Dieses Erlebnis war für mich sehr lehrreich und machte für mich die Betreuungen ähnlicher Gegebenheiten leichter.

Ein weiterer spektakulärer Fall, der mir in Erinnerung geblieben ist, ereignete sich, als ich auf der Entbindungsstation arbeitete. Hin und wieder wurden wir Hebammen bei Personalmangel auf andere Stationen ausgeliehen – sozusagen als flexibler Personalbestand, um die Stellen zu sichern. Eines Nachts hatte ich gemeinsam mit einer Kinderkrankenschwester Dienst und wir kümmerten uns um die Neugeborenen. Beim Wickeln eines der kleinen Babys fiel mir ein ungewöhnlich harter Klumpen in der Windel auf. Das Ding sah nicht nur seltsam aus, sondern fühlte sich auch komisch an – irgendwie zu groß und zu fest für das, was man normalerweise in einer Windel erwarten würde.

Neugierig, wie Hebammen nun einmal sind, zeigte ich meiner Kollegin das Fundstück, und wir beide bestaunten dieses seltsame Gebilde. Der kleine Mann, dem es „entfleucht" war, zeigte keinerlei Symptome und schien sich bester Gesundheit zu erfreuen. Trotzdem war uns beiden nicht wohl bei der Sache. Da wir nichts übersehen wollten, beschlossen wir, den Kinderarzt zu wecken. Nun, das sollte man nachts natürlich nur im absoluten Notfall tun, denn Kinderärzte sind nicht gerade erfreut, wenn man sie ohne triftigen Grund aus dem Bett klingelt. Aber in diesem Fall war es mir völlig egal – Sicherheit ging vor, auch wenn der Doc hinterher toben sollte.

Also rief ich ihn an und schilderte ihm den Fall. Zu meiner Überraschung war er sofort hellwach und wollte gleich vorbeikommen. Keine fünf Minuten später stand er tatsächlich auf der Station und ließ sich den seltsamen Klumpen zeigen. Er untersuchte ihn gründlich, sein Gesichtsausdruck wurde dabei immer interessierter. Schließlich sagte er: „Das ist ein Fall für die Pathologie, das sollte sich genauer angeschaut werden." Dann fügte er noch hinzu, dass es sich eventuell um einen Fetus in fetu handeln könnte – eine extrem seltene Anomalie, bei der ein missgebildeter Fötus im Körper eines anderen Fötus eingeschlossen ist. Das klingt wie etwas aus einem Science-Fiction-Film, aber es kommt tatsächlich vor, wenn auch sehr, sehr selten.

Einige Tage später kam der Bericht aus der Pathologie, und tatsächlich: Es war ein Fetus in fetu. Ein Präparat wurde aus dem Klumpen angefertigt, das vermutlich noch heute in der Klinik steht, um angehenden Ärzten diese seltsame Laune der Natur zu zeigen. Wer hätte gedacht, dass eine so unscheinbare Nacht auf der Entbindungsstation zu einem solch ungewöhnlichen medizinischen Fall führen würde?

28.Kapitel

Manchmal hat man als Hebamme Ideen, die so keiner hatte – zumindest nicht in dieser Form. Es war während eines Urlaubs mit meiner Familie, als ich mit meiner Arbeit als Hebamme hadert. Ein Problem beschäftigte mich besonders: Viele Frauen konnten einfach nicht zu meinen Geburtsvorbereitungskursen oder Vorsorgeuntersuchungen kommen, weil sie auf dem Land lebten. Sie wollten gerne teilnehmen, aber das einzige Auto der Familie war bei den Männern, die damit zur Arbeit fuhren. Und die öffentlichen Verkehrsmittel? In unserer Region gibt es mehr Einhörner als Busse.

Dieses Problem schwirrte mir schon eine Weile im Kopf herum, doch eine Lösung schien immer noch weit entfernt. Da saßen wir also, entspannt am Strand, als mein Mann plötzlich einen Vorschlag machte, der alles verändern sollte. Mit einem schelmischen Grinsen meinte er: „Wenn die Frauen nicht zu dir kommen können, dann muss deine Praxis eben zu den Frauen kommen." Ich sah ihn verdutzt an – was wollte er mir damit sagen? War die Sonne ihm vielleicht ein bisschen zu sehr auf den Kopf geschienen? Doch dann zeigte er lachend auf das Wohnmobil, das gerade vor uns vorbeifuhr und sagte: „Schaff dir doch einfach eine fahrbare Praxis an!"

Erst einmal lachte ich laut, denn die Vorstellung einer „fahrenden Praxis" klang doch ziemlich absurd. Aber wie es so ist – je länger ich darüber nachdachte, desto weniger unmöglich erschien mir die Idee. Vielleicht hatte er tatsächlich den Nagel auf den Kopf getroffen! Kaum waren wir zurück aus dem Urlaub, begann ich sofort, mich über die Vorschriften für Hebammenpraxen zu informieren. Und dann fuhren wir zum nächsten Wohnmobilhändler, um uns ein passendes Modell anzusehen. Die Wahl fiel auf ein größeres Modell – schließlich mussten auch schwangere Frauen Platz haben, ohne dabei eine akrobatische Meisterleistung vollbringen zu müssen. Mein Mann, der Heimwerker mit Herz, baute das Wohnmobil dann auf meine Bedürfnisse um und schwupps, das Abenteuer „fahrende Hebammenpraxis" begann.

Ich nannte das neue mobile Reich liebevoll das „Hebamobil". Natürlich bekam es große, von mir selbst entworfene Storchenaufkleber auf jede Seite, damit auch jeder auf Anhieb wusste, worum es sich handelte. Und was soll ich sagen? Die Idee war ein voller Erfolg! Die Frauen waren begeistert – endlich kam ich zu ihnen, selbst in die entlegensten Dörfer. Mit dem kompletten Equipment einer Hebammenpraxis, inklusive CTG-Gerät und allem Drum und Dran. Auch die Frauenärzte der Region waren dankbar und riefen regelmäßig an: „Könntest du nicht zu

Frau XY fahren, die Bettruhe verordnet bekommen hat?" Kein Problem – das Hebamobil war immer zur Stelle!

Doch das war noch nicht alles. Auch Kurse gab ich nun in meinem „Hebamobil" und es machte nicht nur mir, sondern auch den Frauen großen Spaß. Das Ganze war ein voller Erfolg!

Eines Abends bekam ich dann einen unerwarteten Anruf. Ein Fernsehsender meldete sich. Sie wollten eine Reportage über mich und mein Hebamobil drehen und fragten, ob ich dazu bereit wäre. Ohne groß nachzudenken, sagte ich sofort ja – schließlich hatte ich schon einige Interviews für die lokale Zeitung gegeben, wie schwer konnte das also schon sein? Nun, auf was ich mich da mit einem Filmteam einließ, wusste ich zu dem Zeitpunkt noch nicht. Zwei Wochen Vorbereitungszeit blieben mir – dann sollte der Dreh losgehen. Zwei Wochen, die wie im Flug vergingen, während ich zwischen Aufregung und Panik schwankte.

Der erste Schritt? Ich musste Frauen finden, die bereit waren, sich zusammen mit mir filmen zu lassen. Einfacher gesagt als getan, denn nicht jede werdende Mutter ist begeistert von der Vorstellung, plötzlich im Fernsehen aufzutauchen. Doch zu meinem Glück erklärten sich die meisten meiner Frauen bereit, mitzumachen. Es war fast so, als wären sie genauso neugierig auf dieses Abenteuer wie ich.

Dann war er endlich da – der große Tag! Natürlich hatte ich vergessen, rechtzeitig einen Friseurtermin zu machen. Also klingelte ich meine Friseurin schon frühmorgens aus dem Bett. Sie war ein wahrer Schatz und zauberte mir trotz der unchristlichen Uhrzeit eine fantastische Frisur. Und als wäre das nicht genug, legte sie noch eins drauf und schminkte mich gleich mit. Da zahlt es sich aus, den „Heimvorteil" zu haben – schließlich hatte ich sie während ihrer Schwangerschaft und im Wochenbett betreut. Nun war sie es, die mir half, mich auf den großen Tag vorzubereiten.

Ich war dankbar, aber auch unglaublich nervös. Denn wer weiß schon, wie man sich vor der Kamera verhält? Glücklicherweise war die Filmcrew sehr geduldig mit mir – was gut war, denn einige Szenen mussten mehrmals gedreht werden. Eine Regieanweisung, die mich besonders zum Schmunzeln brachte, war: „Jetzt üben wir das Ankommen und Abfahren." Hä? Wieso üben? Ich kann doch mein Hebamobil perfekt fahren, sagte ich verwirrt. Doch sie lachten und erklärten mir, dass nicht ich das Üben müsste, sondern der Kameramann. Er brauchte diese „Übungsfahrten", um die richtigen Kameraeinstellungen und Blickwinkel zu finden.

Also musste ich tatsächlich ungefähr zehnmal in eine Bustasche fahren. Mal sollte ich im Kreis fahren, mal anhalten und aussteigen, mal anhalten, aussteigen und noch etwas sagen. „Was soll ich denn sagen?" fragte ich den Regisseur irgendwann erschöpft. „Trara, hier bin ich, oder was?" Wir lachten beide, und er meinte, vielleicht fällt mir ja noch etwas Sinnvolleres ein. Aber ehrlich gesagt, nach dem zehnten Mal Ein- und Aussteigen fühlte ich mich eher wie eine leicht genervte Taxifahrerin als eine stolze Hebamme mit einer mobilen Praxis.

Und so ging es den ganzen Tag weiter. Immer wieder dasselbe Spiel: Rein ins Hebamobil, raus aus dem Hebamobil und zwischendurch noch ein paar schlaue Sätze in die Kamera sprechen. Am Abend war ich völlig fertig – und zwar nicht von der Arbeit als Hebamme, sondern von dem ständigen Hinein- und Hinaussteigen aus meinem „Hebamobil". Ich war gespannt, wie das alles im Fernsehen wirken würde.

Ein paar Wochen später war es dann endlich soweit: Ich konnte mich selbst im Fernsehen bewundern. Es war ein sehr merkwürdiges Gefühl, sich auf dem Bildschirm zu sehen – ich glaube, niemand gewöhnt sich jemals wirklich daran. Doch meine Vorfreude wich schnell der Ernüchterung: Die ganze Tagesarbeit war auf magere 12 Minuten zusammengeschnitten. Nichts passte mehr zusammen – die Frauen nicht zu den Orten, die Geschichten nicht mehr zu den Frauen. Was ich gesagt hatte, war teilweise völlig aus dem Zusammenhang gerissen. Es fühlte sich an, als hätte jemand mein sorgfältig zubereitetes Menü in einen Mixer geworfen und dann willkürlich wieder zusammengesetzt. Alles in allem war das Ergebnis doch eher enttäuschend.

Doch die Resonanz auf den Beitrag war überwältigend – damit hatte ich nun wirklich nicht gerechnet! Ich bekam Anrufe aus allen Teilen Deutschlands und sogar aus dem Ausland. Menschen fanden meine Idee einfach genial! Es war faszinierend zu sehen, wie viele Leute durch diesen kleinen Beitrag inspiriert wurden. Inzwischen gibt es sogar in anderen Branchen ähnliche mobile Angebote: Das „Gesundheitsamt auf Rädern" oder – man glaubt es kaum – ein „Bestattermobil". Ja, richtig gelesen! Der Trend hatte offenbar Schule gemacht.

Und wie es so ist, wenn man nicht „nein" sagen kann, ließ ich noch einen weiteren Drehtag eines anderen regionalen Fernsehsenders über mich ergehen. Und so kam es, dass ich gleich zweimal im Fernsehen zu sehen war. Wer hätte gedacht, dass aus einer spontanen Idee im Urlaub so etwas Großes entstehen würde?

Meine Nachsorgen und Wochenbettbesuche waren immer das Highlight meiner Arbeit als Hebamme. Hier konnte ich wirklich mein Wissen einsetzen und den jungen Familien mit Rat und Tat zur Seite stehen. Manchmal gab es natürlich auch Fälle, die einem besonders im Gedächtnis bleiben. Einer davon war die Betreuung einer jungen Frau, die schon bei meiner ersten Begegnung etwas Besonderes war.

Die Frau kam das erste Mal zu mir, als sie mit Zwillingen schwanger war. Zwei prächtige Mädchen, die pünktlich und gesund zur Welt kamen. Alles lief wie am Schnürchen – das Gewicht stimmte, die Schwangerschaft war komplikationslos, und so konnte sie nach drei Tagen die Klinik mit ihren beiden Schätzchen verlassen. Auch die Nachsorge verlief absolut unspektakulär, was in meinem Beruf eher die Ausnahme als die Regel ist. Ich dachte mir, na das war ja einfach – Zwillinge und keine Probleme, das muss man erstmal hinbekommen!

Doch das Schicksal hatte offensichtlich andere Pläne für diese tapfere Mutter. Gut zwei Jahre später meldete sie sich wieder in meiner Praxis an. Diesmal war sie in der 13. Schwangerschaftswoche und alles sah wieder rosig aus. Ich freute mich, sie wiederzusehen und wir plauderten ein wenig. Doch in der 17. Woche kam sie nach einem Frauenarzttermin etwas aufgelöst in meine Praxis gestürmt. „Was ist passiert?", fragte ich besorgt. „Es sind wieder Zwillinge", sagte sie und schaute mich mit einer Mischung aus Schock und Resignation an. Oh man, dachte ich, die arme Frau! Wieder Zwillinge? Das ist ja schon fast wie ein Sechser im Lotto – nur nicht jeder freut sich darüber.

Dieses Mal bekam sie zwei Jungen und auch diese Schwangerschaft verlief wie im Bilderbuch. Die Zwillinge kamen in der 39. Schwangerschaftswoche auf die Welt, beide mit einem stattlichen Gewicht von je 3200 Gramm. Natürlich war auch die Nachsorge völlig unauffällig – wie hätte es anders sein sollen?

Ungefähr sechs Jahre später stand sie wieder in meiner Praxis. Diesmal fragte sie mich, ob es sein könnte, dass sie in die Wechseljahre kommt. Sie hatte seit Monaten keine Regelblutung mehr, aber sonst ging es ihr gut. Da sie erst 38 Jahre alt war, wollte ich sicherheitshalber, dass sie zum Frauenarzt geht. Doch in mir keimte bereits ein Verdacht, der sich dann auch bestätigte. Ihr Frauenarzt verkündete ihr nämlich, dass sie wieder schwanger war – aber dieses Mal war es „nur" ein Baby. Sie war zwar schockiert, aber nach ein paar Tagen war der Schock verflogen, und sie nahm es erstaunlich gelassen.

Natürlich bat sie mich, sie auch während dieser Schwangerschaft und die anschließende Nachsorge zu betreuen. Ich willigte liebend gern ein. Sie blieb die Ruhe selbst und ließ sich von niemandem aus der Ruhe bringen, nicht einmal, als sie über den errechneten Entbindungstermin ging. Die Ärzte wollten schon Einleiten. Doch sie blieb standhaft und sagte nur, dass sie genau wüsste, was sie tut. Fast zwei Wochen nach dem errechneten Termin brachte sie dann ein prächtiges Mädchen mit stattlichen 4950 Gramm zur Welt

– wieder eine Spontangeburt, ganz ohne Komplikationen.

29.Kapitel

Natürlich hatte ich auch privat einige besondere Situationen zu meistern, die mich oft an den Rand des Wahnsinns brachten – zumindest im ersten Moment. Eine dieser denkwürdigen Episoden ereignete sich nach einem meiner Nachtdienste. Wie gewohnt, versuchte ich nach der Schicht, etwas Schlaf nachzuholen und plante, bis etwa 13 Uhr zu schlafen. Wenn man wie ich jahrelang im Schichtdienst arbeitet, lernt man, seinen Schlaf so effektiv wie möglich zu nutzen – zumindest in der Theorie. Doch an diesem Tag machte mir das Telefon einen Strich durch die Rechnung.

Es war etwa 11:30 Uhr, als das Telefon klingelte. Schlaftrunken stolperte ich aus dem Bett, fast in den Türrahmen hinein und griff nach dem Hörer. „Kriminalpolizei München, Hauptkommissar sowieso, am Apparat," meldete sich eine tiefe, ernsthafte Stimme. „Sie müssen bitte umgehend Ihr Auto abholen, das wir gerade sichergestellt haben."

Völlig verdattert, noch halb im Traumland, murmelte ich: „Was für ein Auto?"

„Ihr Auto, ein Honda Concerto, Farbe Weiß," kam die Antwort, als ob das die selbstverständlichste Sache der Welt wäre.

„Ja, das ist mein Auto," bestätigte ich, während mein Gehirn langsam versuchte, die Informationen zu verarbeiten.

Der Hauptkommissar setzte nach: „Das Fahrzeug wurde bei einer Straftat sichergestellt und Sie müssen es jetzt abholen. Ansonsten entstehen Lagerungsgebühren."

Ich war jetzt völlig wach, allerdings weniger durch den starken Tee, den ich mir erhoffte, sondern durch die plötzliche Panik, die in mir hochstieg. „Mein Mann ist heute Morgen mit dem Auto zur Arbeit gefahren," stammelte ich. „Das kann unmöglich unser Auto bei ihnen in München sein."

Doch der Hauptkommissar ließ sich nicht beirren.

„Das können Sie später prüfen, aber das Auto ist hier und es hat die Fahrzeugidentnummer, die in Ihren Kfz-Papieren eingetragen ist. Hier ist die Adresse der Kriminalpolizeistation in München."

Und mit diesen Worten verabschiedete sich der Kommissar, als wäre alles geklärt.

Ich stand wie angewurzelt da, den Hörer noch in der Hand, als ob er mir die Antwort auf das Rätsel verraten würde. Was sollte das alles bitte schön heißen? Wie konnte unser Auto in München sein, während mein Mann damit zur Arbeit gefahren war? Und was um alles in der Welt hatte das Auto bei einer Straftat zu suchen?

Das Ganze kam mir so unwahrscheinlich vor, dass ich mich entschloss, bei unserer lokalen

Kriminalpolizei nachzufragen. Vielleicht war das alles nur ein schlechter Scherz? Die nette Dame am Telefon hörte sich meine Geschichte an und versprach, sich bei den Kollegen in München zu erkundigen.

„Rufen Sie bitte in circa einer halben Stunde wieder an," sagte sie.

Diese halbe Stunde kam mir vor wie eine Ewigkeit. Was, wenn tatsächlich unser Auto in München stand? Mein Kopf spielte bereits alle möglichen Szenarien durch – von der Verwechslung bis hin zu einem skrupellosen Autoklau-Ring, der unsere Fahrzeugidentnummer geklont hatte. Schließlich rief ich wieder bei der Polizei an. Die Dame bestätigte mir, dass alles seine Richtigkeit hatte. „Das in München sichergestellte Auto hat die Fahrzeugidentnummer, die in Ihrem Kfz-Brief steht," erklärte sie nüchtern. „Sie müssen jetzt hinunterfahren und es abholen."

Jetzt war ich endgültig baff. Ich schnappte mir den Kfz-Brief und setzte mich mit wackligen Knien auf den Küchenstuhl. Wie sollte ich das jetzt anstellen? Unser kleiner Fiat Panda stand vor der Tür, aber es graute mir bei dem Gedanken, damit die 850 Kilometer nach München zu fahren. Bahnfahren klang auch nicht viel verlockender. Und wie sollte ich meinen Mann erreichen, der irgendwo unterwegs war und nicht wusste, dass wir – anscheinend – unser zweites Auto in München hatten?

Gerade als ich mir überlegte, wie ich das alles bewerkstelligen sollte, hörte ich das vertraute Geräusch eines Autos vor dem Haus. Ich schaute aus dem Fenster und – wer hätte es gedacht – da kam mein Mann um die Ecke gefahren, mit unserem weißen Honda Concerto! Ich starrte ihn an, als wäre er ein Gespenst. Mein Kopf drehte sich vor Verwirrung. Was zum Teufel war hier los?

„Was ist denn los?", fragte mein Mann, als er mein entgeistertes Gesicht sah. Ich erzählte ihm von dem Anruf und der seltsamen Geschichte. Er lachte und meinte, ich hätte wohl schlecht geträumt. Doch als er sah, dass ich es ernst meinte, willigte er ein, mit mir zur Kriminalpolizei vor Ort zu fahren, um das Rätsel zu klären.

Doch dann, beim Einsteigen ins Auto, kam mir eine Idee. „Warte mal," sagte ich, sprang aus dem Auto und machte die Motorhaube auf. Ich wollte mir die Fahrzeugidentitätsnummer ansehen. Und tatsächlich – die Nummer unter der Motorhaube war eine andere als die in meinen Papieren! Was bedeutete das nun wieder?

Es stellten sich immer mehr Fragen und die Antworten blieben aus. Also beschlossen wir, zur Polizei zu fahren, um endlich Licht in die ganze Sache zu bringen. Mein Mann und ich fuhren zum Polizeirevier, wo wir direkt zu der Beamtin gebracht wurden, mit der ich zuvor telefoniert hatte. Kaum hatten wir ihr Büro betreten, sprudelte ich los und erzählte ihr von meiner Entdeckung, dass die

Fahrzeugidentitätsnummer in unserem Auto nicht mit der in den Papieren übereinstimmte.

Die Beamtin schaute uns ungläubig an, als ob sie dachte, wir würden sie auf den Arm nehmen. „Das will ich selbst überprüfen," sagte sie und wir führten sie nach draußen zu unserem Auto. Und tatsächlich, die Nummer auf dem Fahrzeug stimmte nicht mit der in den Papieren überein. Jetzt war sie genauso ratlos wie wir. „Wo haben Sie das Auto gekauft? Und sind Sie sicher, dass es Ihr Auto ist?" fragte sie misstrauisch.

„Wir haben das Auto vor Jahren bei einem hiesigen Autohaus gekauft," antwortete ich und zog triumphierend den Fahrzeugbrief hervor, in dem auch der Kaufvertrag steckte. „Schauen Sie," sagte ich, „auch auf dem Kaufvertrag steht die Fahrzeugidentitätsnummer, die in meinen Papieren vermerkt ist – und nicht die, die im Fahrzeug eingestanzt ist."

Fragen über Fragen türmten sich vor uns auf, aber keine vernünftigen Antworten waren in Sicht. Die Beamtin rief daraufhin noch einmal in München an und verglich die Fahrzeugidentitätsnummern mit dem Polizisten am anderen Ende der Leitung. Was dabei herauskam, konnte man sich fast schon denken: Das Auto in München hatte tatsächlich die Nummer aus meinem Kfz-Brief.

Nach langen, frustrierenden Diskussionen sagte uns die Beamtin schließlich, dass wir das Auto aus München abholen müssten. „Für das Auto, das Sie hier fahren, aber für das Sie keine Papiere haben, ist die Polizei nicht zuständig," fügte sie trocken hinzu. „Darum müssen Sie sich selbst kümmern."

Ich konnte es nicht fassen. „Und was soll ich jetzt mit dem Auto machen, das draußen steht?" fragte ich ungläubig. Die Beamtin zuckte mit den Schultern und meinte: „Stellen Sie es sich doch zur Ersatzteilgewinnung auf den Hof."

Wie bitte? Hatte ich das richtig gehört und verstanden? Ich sollte mir ein Auto, das mir offenbar gar nicht gehört, einfach zu Hause hinstellen? Die Situation wurde immer absurder.

Draußen setzten wir uns in „unser" Auto und überlegten, was wir als Nächstes tun sollten. „Lass uns zum Autohaus fahren," schlug ich vor. „Die müssen uns doch weiterhelfen können – schließlich haben wir das Auto dort gekauft."

Gesagt, getan. Wir fuhren zum Autohaus und suchten uns im Verkaufsraum den Verkäufer, der uns damals das Auto verkauft hatte. Nachdem ich ihm die ganze Geschichte so detailliert wie möglich erzählt hatte – was gefühlt eine Ewigkeit dauerte – sah er mich an, als wäre ich nicht ganz bei Trost. „Kommen Sie, schauen wir uns das mal draußen an," sagte er schließlich.

Wir gingen gemeinsam zum Auto und als er die Fahrzeugidentitätsnummer überprüft hatte, kam er kopfschüttelnd zurück. „So etwas ist mir in all den Jahren noch nie untergekommen," murmelte er. „Ich weiß ehrlich gesagt auch nicht, was wir jetzt tun sollen."

Er rief den Chef des Autohauses dazu und ich durfte die ganze Geschichte noch einmal erzählen. Langsam hatte ich vom vielen erzählen schon Fransen am Mund. Der Chef lauschte aufmerksam und fragte dann mit einem schiefen Lächeln: „Machen Sie vielleicht bei der versteckten Kamera mit?"

„Leider nicht," seufzte ich, „wir sitzen hier wie begossene Pudel und verstehen die Welt nicht mehr."

Der Chef, offenbar ein Mann der Tat, nickte verständnisvoll. „Keine Sorge, wir werden versuchen, Ihnen zu helfen. Lassen Sie uns das regeln."

Er ließ seine Sekretärin eine Vollmacht aufsetzen, die ihm gestattete, das Auto aus München zu überführen. Natürlich unterschrieb ich die Vollmacht sofort – erleichtert, dass ich nicht selbst die lange Fahrt nach München antreten musste. Der Chef verabschiedete sich mit den Worten: „Sobald wir das Auto hier haben, melden wir uns bei Ihnen."

Bis dahin sollten wir abwarten, so der Chef des Autohauses. Ich fragte ihn: „Was soll ich denn jetzt machen? Ich habe ja für das Auto, das ich gerade fahre, keine Papiere. Was passiert, wenn ich in eine Verkehrskontrolle komme?"

Er grinste und meinte: „Wenn es soweit kommt, verweisen Sie einfach auf die Kriminalbeamtin und auf mich. Die Sache ist so unglaubwürdig, dass die Beamten Sie wahrscheinlich lieber fahren lassen, als sich mit dem ganzen Schlamassel auseinanderzusetzen."

Kopfschüttelnd fuhren wir nach Hause. Die ganze Geschichte war so absurd, dass ich mich fragte, ob ich nicht in einem schlechten Witz gelandet war. Nichts ergab Sinn, und ich wusste wirklich nicht mehr, was ich noch glauben sollte.

Zwei Tage später klingelte das Telefon. Es war der Anruf vom Autohaus. „Sie können jetzt vorbeikommen," sagte der Verkäufer. „Das andere Auto ist da."

Also machten wir uns am nächsten Tag auf den Weg zurück zum Autohaus. Und siehe da, da stand er – ein genau baugleicher Honda, der so aussah, als hätte er sich über Nacht einfach verdoppelt. Wir parkten unser Auto direkt daneben und begannen, die beiden Fahrzeuge zu inspizieren. Es war fast unheimlich: Dieselbe Polsterfarbe, dieselbe Innenausstattung, alles war identisch. Man hätte schwören können, dass es unser Auto war.

In diesem Augenblick tauchten der Chef und der Verkäufer auf, beide mit einem leicht nervösen Lächeln im Gesicht. „Kommen Sie rein," sagten sie, „wir haben einen Vorschlag für Sie."

Ich war neugierig und skeptisch zugleich, also folgten wir ihnen ins Büro. Der Chef legte los: „Ich weiß, Sie wollen mit diesem Auto nichts mehr zu tun haben, schließlich war es in eine Straftat verwickelt. Also haben wir mit dem TÜV Nord Rücksprache gehalten. Unser Plan ist, die Fahrzeugidentitätsnummer aus

Ihrem Auto heraus zu ätzen und die Nummer, die in Ihren Papieren steht, stattdessen einzustanzen."

Ich starrte ihn an, als hätte er gerade vorgeschlagen, das Auto mit Zaubertrank zu übergießen. „Wirklich?" fragte ich ungläubig. „Ihr wollt einfach die Nummer wegätzen?"

Er nickte eifrig. „Ja, das ist das Einzige, was wir uns vorstellen können, um das Problem zu lösen."

Ich war sprachlos. „Das muss ich erstmal eine Nacht überschlafen," sagte ich schließlich. „Ich muss mir überlegen, was ich jetzt wirklich will."

Also fuhren wir wieder nach Hause und diskutierten die ganze verrückte Geschichte rauf und runter. Am nächsten Tag war für mich die Entscheidung klar. Wir gingen wieder ins Autohaus, und ich erklärte dem Verkäufer: „Ich gebe das Auto zurück. Ich will weder das eine noch das andere Auto weiterfahren. Wer weiß, welche Überraschungen als Nächstes kommen."

Der Verkäufer, überraschend verständnisvoll, nickte und meinte: „Das ist absolut nachvollziehbar. Es ist ja auch nicht Ihre Schuld, dass die Papiere nicht zum Auto passen. Wir wickeln den Verkauf einfach rückgängig ab, auch wenn er schon drei Jahre zurückliegt."

Genauso machten wir es. Der Vertrag wurde aufgelöst, und wir bekamen unser Geld zurück. Zum Abschluss fragte der Verkäufer noch höflich: „Möchten Sie sich gleich ein neues Auto bei uns aussuchen?"

Ich schüttelte den Kopf und sagte: „Nein, danke. Ich nehme das Geld und überlege mir in Ruhe, was für ein Auto ich mir dann anschaffen möchte."

Ich kann es euch verraten: Bis heute habe ich keinen Honda mehr gekauft!

30.Kapitel

Die Hebammentätigkeit ist voller unerwarteter Erlebnisse, und manchmal begegnet man auch den skurrilsten Wünschen und Vorstellungen der werdenden Eltern. Eine solche Begegnung hatte ich eines Nachmittags, es war ein Wochenende und ich hatte mal wieder Spätdienst. Es war eine dieser Phasen, in denen wir den absoluten Geburtenknick hatten – tagelang keine Frau im Kreißsaal, keine Wehen, nichts. Die Langeweile war fast greifbar und so sprang ich regelrecht auf, als es endlich an der Tür klingelte. Endlich, dachte ich, eine Frau in den Wehen! Doch als ich die Tür öffnete, sah ich ein freudestrahlendes Pärchen mit einem prall gefüllten Koffer vor mir stehen.

„Was kann ich für Sie tun?" fragte ich, immer noch in der euphorischen Hoffnung, dass es jetzt endlich Arbeit bekam. Die Frau strahlte mich an und sagte ganz bestimmt: „Ich möchte jetzt einen Kaiserschnitt haben."

„Jetzt?" fragte ich, ein wenig perplex. „Es ist Samstagnachmittag. Haben Sie dafür einen Termin?"

„Nein," antwortete sie, „aber ich möchte trotzdem jetzt einen Kaiserschnitt."

Etwas verdutzt bat ich sie herein und fragte nach dem Grund für diese plötzliche Entscheidung. Es stellte sich heraus, dass der Wunsch nach einem Kaiserschnitt nicht etwa auf medizinischen Gründen beruhte, sondern auf dem chinesischen Kalender. Heute, so erklärte sie, sei der letzte Tag im Jahr des Hundes und ab morgen beginne das Jahr des Schweins. Ihr Kind solle keinesfalls im Jahr des Schweins geboren werden, daher müsse es unbedingt heute zur Welt kommen.

In meinem Kopf ratterte es. Man kannte ja so einiges, aber das war neu. Kinder nach dem Tierkreiszeichen des chinesischen Kalenders zu planen, war selbst für mich ein nie dagewesenes Anliegen. Trotzdem blieb ich professionell und erklärte ihr, dass ich ihren Wunsch mit unseren Kreißsaalärzten besprechen müsste. „Ich hole mal unseren Assistenzarzt und den Oberarzt dazu," sagte ich, „die können das besser mit Ihnen besprechen und klären."

Ich rief also unseren Assistenzarzt an, der gleich den Oberarzt mitbringen sollte. Im Schreibzimmer erklärte ich den beiden kurz die Situation. Ihre Blicke sagten alles: Sie sahen mich an, als hätte ich ihnen gerade eröffnet, dass der Mond aus Käse besteht. „Ihr werdet es gleich selbst gehören," sagte ich, „viel Spaß dabei."

Die Ärzte setzten sich mit der Frau und ihrem Mann zusammen, um sich die Beweggründe noch einmal genau erklären zu lassen. Sie bekamen dieselbe Geschichte zu hören, die ich schon gehört hatte. Unser Oberarzt, ein erfahrener und gelassener Mann, erklärte dann ruhig, warum das kein Grund für einen Kaiserschnitt sei, vor allem nicht über drei Wochen vor dem errechneten Entbindungstermin. „Das wäre ja fast noch eine Frühgeburt," fügte er hinzu. „Für so einen Eingriff brauchen wir einen triftigen Grund."

Die werdenden Eltern waren von dieser Antwort alles andere als begeistert. Sie wurden absolut ungehalten und der werdende Vater wurde richtig ausfällig und beleidigend. Sie rauschten so schnell aus dem Kreißsaal, wie sie hereingekommen waren und hörten sich nicht einmal die weitere Begründung des Oberarztes an. „Wir fahren jetzt in eine andere Klinik!" war das Letzte, was sie uns wütend entgegenschien, bevor sie die Tür hinter sich zuknallten.

Später erfuhr ich, dass auch die nächste Klinik ihr Ansinnen abgelehnt hatte. Erst die dritte Klinik, die sie aufsuchten, hatte dann schließlich dem Wunsch nachgegeben und den Kaiserschnitt durchgeführt – noch am selben Tag, um die Geburt im Jahr des Hundes sicherzustellen.

Ich musste unwillkürlich schmunzeln und schüttelte ungläubig meinen Kopf. Man erlebt ja so einiges in der Hebammentätigkeit, aber dieser Vorfall hat mir einmal mehr gezeigt, wie unterschiedlich die

Wünsche und Vorstellungen der werdenden Eltern sein können. Manchmal muss man eben auch ein wenig Verständnis für die kuriosesten Anliegen aufbringen – auch wenn sie einem selbst noch so fremd erscheinen.

In meiner Zeit als freiberufliche Hebamme habe ich eine Vielzahl von Geschichten erlebt, aber einige Begegnungen sind sehr besonders. Eine davon ereignete sich während meiner Zeit, in der ich zusätzlich geringfügig in einer Frauenarztpraxis mitgearbeitet habe.

Die Zeit, die ich in der Frauenarztpraxis verbrachte, war tatsächlich ein spannendes und lehrreiches Abenteuer – ganz anders als meine bisherige Arbeit als Hebamme. Es eröffnete mir eine völlig neue Perspektive auf die Welt der Frauen, die schwanger waren oder sich im Wochenbett befanden. Stattdessen hatte ich nun Einblicke in die vielfältigen Aspekte der Frauengesundheit, die weit über Schwangerschaft und Geburt hinausgingen. Es war, als ob ich ein neues Kapitel aufschlug, in dem es um Themen wie hormonelle Veränderungen, Vorsorgeuntersuchungen, Verhütungsmethoden, Wechseljahrbeschwerden und die oft unterschätzten Herausforderungen des Praxisalltags ging.

Eine der größten Veränderungen für mich war, dass ich mich plötzlich mit der Bürokratie und Verwaltung einer Arztpraxis auseinandersetzen musste.

Von der Abrechnung der erbrachten Leistungen bis hin zur Bestellung von Medikamenten – das alles war Neuland für mich. Ich musste schnell lernen, wie man die richtigen Codes für die Abrechnung verwendet und wie man sicherstellt, dass alle Medikamente und Hilfsmittel immer vorrätig sind. Und glaubt mir, die Welt der Abrechnung hat ihre eigenen Gesetze und Tücken. Ein falscher Code und schon steht man vor einem Haufen Papierkram, der es in sich hat. Ich musste manchmal über mich selbst lachen, wenn ich versuchte, durch diesen Dschungel aus Zahlen und Vorschriften zu navigieren.

Ein weiterer Aspekt, der mein Bild von der Arbeit in einer Frauenarztpraxis stark prägte, war der Kontakt mit den verschiedensten Vertretern der Pharmaindustrie. Diese Menschen haben eine bemerkenswerte Fähigkeit, ihre Produkte in den schillerndsten Farben zu präsentieren. Es war schon fast wie ein kleiner Jahrmarkt, wenn sie mit ihren glänzenden Broschüren und Mustern hereinschneiten und die neuesten Wundermittel anpriesen. Die Art und Weise, wie sie ihre Produkte verkauften, war manchmal so charmant, dass man fast versucht war, alles zu bestellen, was sie im Angebot hatten. Aber natürlich musste ich schnell lernen, kritisch zu bleiben und genau abzuwägen, was wirklich notwendig und nützlich für die Patientinnen war.

Insgesamt war diese Zeit in der Frauenarztpraxis eine unglaublich bereichernde Erfahrung. Sie hat mein Wissen und meine Fähigkeiten erweitert und mir einen tieferen Einblick in die Frauengesundheit gegeben, der über das hinausging, was ich als Hebamme bisher erlebt hatte. Es war eine Zeit voller Herausforderungen, aber auch voller wertvoller Lektionen, die mich als Fachfrau noch vielseitiger gemacht haben. Und nicht zuletzt war es eine Zeit, in der ich gelernt habe, dass auch die Welt außerhalb des Kreißsaals ihre eigenen, manchmal sehr humorvollen Eigenheiten hat. Vielen Dank an die Mitarbeiter dieser Praxis – ich war unheimlich gerne bei Euch! Eure Unterstützung und das großartige Teamwork haben meine Zeit bei Euch zu etwas ganz Besonderem gemacht. Ob es das gemeinsame Lachen, die spannende Arbeit oder einfach nur der tägliche Austausch war – ich habe jede Minute genossen. Ihr habt nicht nur meinen Horizont erweitert, sondern mir auch gezeigt, wie wertvoll ein gutes Team ist. Dank Euch habe ich eine völlig neue Seite der Gynäkologie kennengelernt, und dafür bin ich Euch von Herzen dankbar! Aber ich schweife schon wieder ab.

Ich betreute dort die Schwangeren und half bei den Vorsorgeuntersuchungen. Eine Frau, die mir bis heute in lebhafter Erinnerung geblieben ist, kam eines Tages zur ganz normalen Vorsorgeuntersuchung. Sie war schon etwas über 40 Jahre alt, hatte bereits zwei erwachsene Kinder und dachte, sie wäre wohl in den Wechseljahren angekommen, da sie keine Regelblutung mehr hatte.

Der Frauenarzt begann wie gewohnt mit der Untersuchung und dem Ultraschall. Doch anstelle der erwarteten Bestätigung ihrer Annahme, dass die Wechseljahre begonnen hatten, entdeckte der Arzt etwas anderes: eine fortgeschrittene Schwangerschaft. Die Frau wurde plötzlich ganz blass und begann sichtlich unruhig zu werden. Wir baten sie, ruhig zu bleiben, sich erst einmal wieder anzuziehen und versicherten ihr, dass wir danach alles in Ruhe besprechen würden.

Als sie wieder angezogen am Tisch des Arztes saß, war ihre erste Frage, ob sie die Schwangerschaft nicht abbrechen könnte. Der Arzt musste ihr leider erklären, dass dies nicht mehr möglich sei, da sie sich bereits in der 17. Schwangerschaftswoche befand. Die Frau begann zu weinen und erzählte uns, dass ihr Mann diese Nachricht niemals verstehen würde. Schließlich hatte er sich schon vor etwa zehn Jahren sterilisieren lassen, um genau solche Überraschungen zu vermeiden.

Der Doktor versuchte, sie zu beruhigen, und erklärte ihr, dass es zwar selten, aber durchaus möglich sei, dass eine Vasektomie nicht immer zu 100% die Zeugungsfähigkeit unterbricht. Doch die Frau schüttelte den Kopf und rückte schließlich mit der Wahrheit heraus: „Es ist nicht das Kind meines Mannes."

Sie gestand, dass sie eine Affäre gehabt hatte und da sie seit zehn Jahren nicht mehr verhüten musste, hatte sie beim Fremdgehen schlicht und einfach vergessen, zu verhüten.

Die Situation war für alle Beteiligten unangenehm und kompliziert. Sie wusste, dass sie ihrem Mann die Wahrheit beichten musste und die Konsequenzen waren unvermeidlich. Später erzählte sie mir, dass ihr Mann nach ihrem Geständnis die Scheidung eingereicht hatte. Auch der Mann, mit dem sie die Affäre gehabt hatte, wollte nichts mehr von ihr wissen – er war selbst verheiratet und hatte nur ein Abenteuer gesucht. Selbst ihre erwachsenen Kinder hatten sich von ihr abgewandt.

Mir tat die Frau unendlich leid. Von einem Moment auf den anderen stand sie ganz alleine da und musste die Suppe, die sie sich selbst eingebrockt hatte, nun allein auslöffeln. Aber sie erwies sich als stark und meisterte die Situation mit Bravour. Jahre später, als ich sie zufällig wiedertraf, strahlte sie über das ganze Gesicht. Sie erzählte mir, dass sie wieder geheiratet hatte und sehr glücklich sei. Mit einem schmunzelnden Lächeln fügte sie hinzu: „Dieses Mal werde ich nie wieder vergessen, meine Verhütung im Blick zu behalten."

Diese Begegnung hat mir wieder einmal gezeigt, wie überraschend das Leben sein kann und wie wichtig es ist, in jeder Situation Mitgefühl und Verständnis zu zeigen – auch wenn die Umstände noch so kompliziert sind.

31.Kapitel

Während meiner Nachsorgen hatte ich manchmal nicht nur mit den frischgebackenen Eltern, sondern auch mit den ungewöhnlichsten Haustieren zu kämpfen. Ein Erlebnis, das mir besonders in Erinnerung geblieben ist, fand bei einer jungen Familie statt, die ihr zweites Kind bekommen hatte. Ihr erstes Kind, ein kleines Mädchen im Alter von zwei oder drei Jahren, war noch sehr klein und verspielt. Als ich zum Hausbesuch kam, begann unser Gespräch in der Küche, was ja durchaus normal ist – schließlich mache ich meine Arbeit überall im Haus, wo es gerade passt.

Doch dann kam der Moment, an dem wir zum Baby gehen wollten und dafür mussten wir durch das Wohnzimmer. Was mich dort erwartete, ließ mich allerdings kurz innehalten: Die ältere Tochter saß auf dem Teppich und spielte – aber nicht etwa mit Bauklötzen oder Puppen, sondern mit zwei riesigen Schlangen! Diese waren sicher gute ein bis zwei Meter lang und entpuppten sich als Boa constrictor, wie mir die Eltern stolz erklärten.

Meine Faszination hielt sich in Grenzen. Stattdessen überkam mich das Entsetzen. Wie konnte man ein Kleinkind mit zwei solchen Würgeschlangen spielen lassen? Der Vater, völlig unbeeindruckt von meiner Reaktion, versuchte mich zu beruhigen. Die Schlangen seien gut gefüttert, erklärte er mir, sie hätten keinen Hunger und es wäre völlig sicher, sie mit dem

Kind im selben Zimmer zu lassen. Na, das nannte ich mal eine ungewöhnliche Sicherheitsgarantie!

Trotz seiner beruhigenden Worte fühlte ich mich nicht wirklich wohler und teilte den Eltern deutlich mit, dass ich die Situation äußerst bedenklich fand. Doch zunächst konzentrierte ich mich darauf, ohne auf eines der gigantischen Reptilien zu treten, durch das Wohnzimmer zu manövrieren. Gar nicht so einfach, kann ich euch sagen.

Nachdem ich das Baby versorgt und mich zum Aufschreiben meiner Dokumentation hingesetzt hatte, kam der Vater mit einer besonderen Idee auf mich zu.

„Möchtest du vielleicht mal eine der Schlangen anfassen?", fragte er mit einem Lächeln, das offenbar davon ausging, dass niemand so ein Angebot ablehnen würde. Ich und eine Schlange anfassen? Nein, danke!!! Doch bevor ich es mich versah, war ich überredet und keine fünf Minuten später hing mir tatsächlich eine der Schlangen um den Hals.

Ich kann nicht behaupten, dass ich mich dabei sonderlich wohlgefühlt habe. Ganz im Gegenteil! Die Schlange war überraschend warm und schwer – ganz anders, als ich es mir vorgestellt hatte.

Nach einer gefühlten Ewigkeit, die in Wirklichkeit wohl nur wenige Sekunden dauerte, hatte ich jedoch genug von diesem Erlebnis. Der Vater nahm mir die Schlange wieder ab und ich konnte endlich durchatmen.

Natürlich ließ ich es mir nicht nehmen, den Eltern noch einmal eindringlich zu raten sehr, sehr vorsichtig zu sein, wenn ihr Kind mit den Schlangen spielt. Schließlich sind Schlangen Tiere und sie wissen nicht immer, wie weit sie gehen können – und kleine Kinder wissen das erst recht nicht. Glücklicherweise waren bei meinen nächsten Besuchen die Schlangen immer sicher in ihrem Terrarium verstaut. Und das war mir mehr als recht!

Auch andere tierische Gesellen musste ich leider noch kennenlernen. Eines Tages war ich auf dem Weg zu einer Nachsorge auf dem Land und ich war schon sehr gespannt, was mich erwarten würde. Eine junge Frau hatte ihr erstes Kind bekommen und wie das in ländlichen Gegenden oft der Fall ist, erwartete ich eine gemütliche Umgebung, vielleicht einen Hund oder eine Katze, die das Familienglück komplettierten.

Nachdem ich angekommen war und mich im Wohnzimmer niedergelassen hatte, begann ich mit meiner Dokumentation. In einer Ecke des Raumes bemerkte ich ein Terrarium, was mich nicht weiter beunruhigte – vielleicht hielt die Familie ja ein harmloses Reptil oder ein paar Fische. Doch während ich so vertieft in meine Unterlagen war, sah ich aus den Augenwinkeln plötzlich etwas Haariges und vor allem Schnelles, das blitzartig unter den Sessel lief. Ohne lange nachzudenken, rief ich der Mutter zu: „Du, dein

Meerschweinchen ist gerade unter dem Sessel verschwunden!"

Statt einer beruhigenden Antwort kam ein Satz, der mir das Blut in den Adern gefrieren ließ: „Ich habe kein Meerschweinchen, das war meine Vogelspinne."

Oh nein, dachte ich, eine Spinne – und nicht irgendeine, sondern eine große, haarige, gruselige Vogelspinne! **Igitt!** Bevor ich überhaupt richtig darüber nachdenken konnte, hatte ich mit einem unbewussten Reflex den Schlusssprung auf den Wohnzimmertisch geschafft, mitsamt meiner Hebammentasche, dem Dokumentationshefter und allem, was ich sonst noch um mich herum verteilt hatte.

Die Mutter kam mit ihrem Baby auf dem Arm ins Wohnzimmer und brach in schallendes Gelächter aus, als sie mich so verängstigt auf dem Tisch sitzen sah. „Warum lachst du denn so?", fragte ich sie, während ich versuchte, meine Nervosität unter Kontrolle zu bringen. „Du hast schließlich eine Riesenspinne in deinem Wohnzimmer! Stell dir einmal vor, die würde in meinen Hebammenkoffer krabbeln und ich nehme das Vieh dann versehentlich mit nach Hause."

Allein der Gedanke daran jagte mir eine Gänsehaut über den Rücken. Igitt! Spinnen waren wirklich nicht mein Ding. Doch anstatt mir Beistand zu leisten, lachte sie nur weiter: „Du brauchst keine Angst zu haben, das Gift ist nicht tödlich und die beißt nicht, da sie mich kennt."

„Ja, dich kennt sie, aber mich nicht! Und ich wette, sie wird mich beißen und das tut bestimmt weh, wenn nicht sogar Schlimmeres", erwiderte ich, immer noch völlig entsetzt über die Vorstellung, dieses haarige Monster könnte frei im Raum herumlaufen, während ein Baby im Haus ist.

Die Mutter versuchte mich weiter zu beruhigen und erklärte, dass sie die Spinne ins Terrarium setze, wenn das Baby im Wohnzimmer sei. Daraufhin stellte ich klar: „Betrachte mich als Baby! Pack die Spinne in das Terrarium und wenn sie beim nächsten Mal nicht drin ist, betrete ich nicht mehr dein Haus. Dann machen wir die Betreuung draußen, egal bei welchem Wetter."

Zum Glück zeigte die Mutter Einsicht und von da an saß die Spinne immer brav in ihrem Terrarium, wenn ich zu Besuch kam. Da hatte ich auch nichts gegen sie – solange sie hinter Glas saß und sich mit ihren Grillen oder was auch immer sie fraß, beschäftigte, konnte ich damit leben.

Die Frau erzählte mir noch lachend, dass ihre Mutter einmal versucht hatte, die Spinne totzuschlagen, als sie sie frei herumlaufen sah. Allerdings hatte sie es nicht geschafft, weil die Spinne sich gerade häutet hatte und sie so nur auf die leere Haut einschlug. Wenigstens musste ich mir darum keine Sorgen mehr machen, aber glaubt mir, bei jedem weiteren Besuch schaute ich als Erstes ängstlich in das Terrarium, um

sicherzugehen, dass meine achtbeinige "Freundin"
noch sicher hinter Glas war!

32.Kapitel

Die größeren Geschwister sorgten bei den Nachsorgen auch für so manche Heiterkeit. Um die kleinen
Großen bei Laune zu halten, hatte ich immer einen
passenden Anstecker dabei. Auf dem Stand „Prima
große Schwester" oder „Starker großer Bruder"
drauf. Diese Anstecker waren ein echter Hit und die
Freude der Kinder war immer riesig. Die stolzen Geschwister präsentierten ihre neuen Titel mit stolz ge-
schwellter Brust, als hätten sie gerade die wichtigste
Auszeichnung ihres Lebens erhalten.

Nur einmal lief es ein bisschen anders als geplant.
Ein paar Tage nach einer meiner Besuche drückte mir
eine Kleine, nicht ganz so begeisterte große Schwester
den Anstecker wieder in die Hand. Mit ernster Miene
sagte sie: „Das kannst Du wieder haben, ich will keine
große Schwester mehr sein. Das Baby ist blöd, das
kannst Du bitte auch wieder mitnehmen."

Die Mutter und ich mussten uns sehr beherrschen,
um nicht laut loszulachen. Nachdem wir uns wieder
gefangen hatten, erklärte ich der Kleinen mit ernster
Miene, wo die Babys herkommen und dass es leider
nicht möglich sei, das Baby einfach wieder mitzunehmen. Die Kleine sah mich skeptisch an, als ob sie mir
nicht ganz über den Weg traute. Dann überlegte sie

einen Moment, legte den Kopf schief und sagte nachdenklich: „Na gut, dann eben nicht, aber vielleicht können wir es dann verkaufen?"

Das war der Moment, in dem die Mutter übernehmen musste. Sie beugte sich zu ihrer Tochter hinunter, während ich mich hastig verabschiedete, um im Flur nicht laut loszulachen. Beim nächsten Besuch war das kleine Drama allerdings schon wieder vergessen. Die große Schwester war wieder mit dem Baby versöhnt, da sie zur Entschädigung einen nagelneuen Puppenwagen mit passender Puppe bekommen hatte. Von da an war sie die stolzeste große Schwester weit und breit – aber nur, solange sie ihre eigene „Baby-Schwester" im Puppenwagen durch die Gegend schieben durfte.

Betreuungsorte der Nachsorgen oder Wochenbettbesuche waren ja meist die Wohnungen der Frauen und diese waren oft so unterschiedlich wie die Frauen selbst. Eine Wohnung ist mir dabei in besonders leuchtender Erinnerung geblieben – nicht zuletzt wegen ihrer einzigartigen Einrichtung. Vielleicht lag es auch daran, dass ich diese Familie bei allen vier Kindern betreut habe, aber die Atmosphäre dort war einfach unvergesslich.

Ich muss sagen, mir sind die persönlichen Vorlieben und Gesinnungen meiner Frauen wirklich völlig egal. Jeder soll so leben, wie er es für richtig hält. Aber diese Wohnung war wirklich etwas Besonderes. Alles war schwarz. Die Wände, der Teppich, die Möbel – selbst die Fenster hatten schwarze Gardinen. Als Lichtquelle dienten nur ein paar schwarze Kerzen, die düster vor sich hin flackerten. Es war, als würde man in eine dunkle Höhle treten, in der die Zeit stehen geblieben war. Man erwartete eigentlich noch alte Spinnweben, die von der Decke hängen.

Die Frau selbst trug, wie könnte es anders sein, ausschließlich schwarze Kleidung. Und auch die Kinder waren in Schwarz gehüllt. Ich hatte bis zu diesem Zeitpunkt noch nie einen schwarzen Strampler gesehen, aber in dieser Wohnung schien es die normalste Sache der Welt zu sein. Das wirklich Kuriose und zugegeben, für mich ein wenig makabre Detail war jedoch, dass die ganze Familie in Särgen schlief – ja auch das Baby! Ihr habt richtig gelesen, jeder hatte seinen eigenen Sarg als Bett, sogar das kleine Baby.

Das war der Moment, in dem ich kurz innehalten und tief durchatmen musste. Ein Baby im Sarg, das gruselt einen doch ein bisschen, oder?

Trotz dieser ungewöhnlichen Einrichtung war die Familie eine der liebevollsten, die ich je betreut habe. Die Eltern kümmerten sich rührend um ihre Kinder und die Kleinen waren glücklich und wohlauf. In diesem Moment lernte ich einmal mehr, dass äußere Erscheinungen wirklich täuschen können. Was für den einen gruselig oder befremdlich wirkt, ist für den anderen vielleicht einfach nur gemütlich und heimelig.

So sah ich schließlich über diese „Kleinigkeit" hinweg und konzentrierte mich auf das, was wirklich zählte – dass Wohl der Kinder und die wunderbare Betreuung, die sie von ihren Eltern erhielten. Aber ich gebe zu, es war eine der unvergesslichsten Wohnungen, die ich je betreten habe.

33.Kapitel

Hausbesuche als Hebamme sind immer ein bisschen wie ein Überraschungsei: Man weiß nie, was einen erwartet. Besonders erinnere ich mich an eine junge Mutter, die ich mit ihrem ersten Kind betreute. Sie stillte voll und ihr kleiner Sohn war ein echter Wonneproppen, der bestens zunahm. Alles lief wunderbar – bis zu jenem Tag, als ich wie gewohnt bei ihr an der Tür klingelte und sie mich mit einem besorgten Gesichtsausdruck empfing.

„Mein Kleiner hat einen Ausschlag am ganzen Körper," sagte sie, kaum dass ich die Schwelle überschritten hatte. „Das sieht wirklich schlimm aus!"

Natürlich war ich sofort alarmiert. Ich legte meine Sachen ab, wusch mir die Hände und ließ mir den kleinen Patienten zeigen. Da lag er, strampelte fröhlich auf seiner Wickelunterlage und sah mit seinem Hautausschlag irgendwie aus wie ein kleiner Fliegenpilz.

„Na, dann schauen wir uns das mal genauer an," sagte ich und begann, ihn von Kopf bis Fuß zu inspizieren. Für mich sah es nicht nach Neurodermitis aus und ein Ekzem war es auch nicht. Es wirkte eher wie eine Allergie, aber auf was? Die Mutter erklärte mir, dass sie weder ihre Ernährung noch ihre Pflegeprodukte geändert hatte. Alles, was sie aß, war das, was sie auch während der Schwangerschaft gegessen hatte und an den Pflegeprodukten war nichts Neues.

„Hm," machte ich, während ich den Ausschlag eingehend betrachtete. „Hast du vielleicht eine neue Waschmittelmarke ausprobiert?"

„Nein, gar nichts. Ich wasche mit dem gleichen Waschmittel wie immer."

Jetzt war mein detektivischer Spürsinn geweckt. Ich fragte weiter: „Gab es in den letzten Tagen irgendetwas Ungewöhnliches? Vielleicht Besuch, ein Geschenk oder neue Kleidung?"

Sie dachte nach, nickte dann und sagte: „Ja, stimmt. Mein Bruder war vorgestern hier und hat dem Kleinen einen neuen Strampler geschenkt. Er sah so süß aus, dass ich ihn gleich angezogen habe. Aber meinst du, das könnte der Grund sein?"

Ich bat sie, mir den besagten Strampler zu zeigen. Sie brachte ihn aus dem Kinderzimmer und präsentierte ihn mir stolz. Tatsächlich sah das Kleidungsstück auf den ersten Blick harmlos aus – ein niedliches kleines Teilchen mit aufgedruckten Teddybären. Doch als ich es näher betrachtete, fiel mir auf, dass es stark parfümiert roch. „Hat dein Bruder den Strampler vor dem Schenken gewaschen?" fragte ich.

„Keine Ahnung," sagte sie. „Ich habe es ihm direkt angezogen, weil er neu war."

„Aha!" rief ich. „Da haben wir den Übeltäter. Neue Kleidung, besonders wenn sie direkt aus der Fabrik kommt, ist oft mit Chemikalien behandelt. Die können die Haut reizen, besonders bei Babys."

Die Mutter schaute entsetzt. „Oh nein, und ich dachte, ich tue ihm etwas Gutes!"

Ich beruhigte sie schnell. „Mach dir keine Vorwürfe, das passiert häufiger, als du denkst. Ich rate dir, alle neuen Kleidungsstücke immer einmal zu waschen, bevor sie auf die empfindliche Haut deines Babys kommen."

Sie versprach, das in Zukunft zu tun, und wir entschieden, dem Kleinen ein wohltuendes Ölbad zu gönnen, um die Haut zu beruhigen. Innerlich dankte ich dem kleinen Kerl dafür, dass er so entspannt blieb – er lächelte mich an, als ob er sagen wollte: „Ist doch alles halb so wild, Hebamme!"

Einige Tage später stand wieder ein Nachsorgetermin bei der jungen Mutter auf meinem Plan. Schon beim Öffnen der Tür sah ich den entmutigten Gesichtsausdruck der Mutter und wusste sofort: Der Ausschlag war noch immer nicht besser. Ein leises „Mist!" entfuhr mir, denn langsam gingen mir die Ideen aus. Trotz unserer bisherigen Ermittlungen – von Waschmittelwechsel über Hautpflegecremes bis hin zur Analyse sämtlicher Textilien – hatte nichts die erhoffte Besserung gebracht. Selbst der hinzugezogene Kinderarzt, der immerhin eine wahre Koryphäe war, zuckte irgendwann ratlos mit den Schultern. Es war, als hätte der kleine Mann beschlossen, uns alle zu narren.

An diesem entscheidenden Tag war ich versehentlich eine Stunde zu früh dran. (Ja, auch Hebammen können mal ihre Zeitpläne durcheinanderbringen.) Die Mutter, sichtlich überrascht, entschuldigte sich sofort dafür, dass es „noch nicht aufgeräumt" war. Ich winkte nur ab: „Ach, das ist mir doch völlig egal. Hauptsache, euch beiden geht es gut."

Ich setzte mich also ins Wohnzimmer, zog meine Papiere heraus und wollte mir ein paar Notizen machen. Doch dann fiel mein Blick auf den Tisch – und ich traute meinen Augen nicht. Dort stand eine Schale, randvoll mit Kiwis. Oder besser gesagt: halbvoll, denn ein guter Teil der pelzigen Vitaminbomben war schon verschwunden.

Es war, als hätte jemand einen Scheinwerfer auf diese Schale gerichtet. Mein Herz schlug schneller und ich fragte die Mutter fast atemlos: „Sag mal, wie viele Kiwis isst du eigentlich so am Tag?"

Sie sah mich ein wenig verwirrt an und antwortete. „Oh, ich liebe Kiwis! Ich esse meistens so eine Schale pro Tag. Das sind so fünf bis zehn Stück. Ich will ja während der Stillzeit genug Vitamine zu mir nehmen."

Ich verschluckte mich fast an meinem eigenen Atem. „FÜNF BIS ZEHN?! TÄGLICH?!"

Sie nickte fröhlich, offenbar stolz auf ihre gesunde Ernährung. Ich erklärte ihr, dass ihr kleiner Sohn wahrscheinlich auf diese Kiwi-Überdosis reagierte. „Kiwis sind gesund, keine Frage", sagte ich. „Aber in solchen Mengen können sie während des Stillens für dein Baby ein bisschen zu viel des Guten sein. Seine Haut sagt dir praktisch: ‚Mama, weniger Kiwi, bitte!'"

Die Mutter war entsetzt. „Aber ich wollte ihm doch nur etwas Gutes tun! Ich habe nie daran gedacht, dass das schädlich sein könnte."

Ich beruhigte sie schnell und schlug vor: „Wir probieren jetzt mal eine ganz einfache Regel: Ab sofort maximal eine Kiwi alle zwei Tage. Ich bin sicher, dass der Ausschlag bald verschwinden wird."

Schon wenige Tage später war die Verwandlung verblüffend. Der kleine Mann sah aus, als hätte er nie auch nur einen roten Fleck gehabt. Die Mutter war erleichtert – und ich war ein kleines bisschen stolz auf meinen detektivischen Spürsinn.

„Weißt du", sagte sie beim nächsten Termin lachend, „ich kann Kiwis jetzt gar nicht mehr ansehen, ohne an deinen entsetzten Gesichtsausdruck zu denken."

„Tja", antwortete ich, „wer hätte gedacht, dass eine Handvoll Kiwis mehr Detektivarbeit erfordert als ein Krimi von Agatha Christie?"

Und so wurde ein weiterer kleiner Hebammen-Fall gelöst. Manchmal reicht eben ein genauer Blick auf die Obstschale, um ein großes Rätsel zu entschlüsseln!

34.Kapitel

Natürlich musste ich auch ein paar Mal außerhalb des Kreißsaales als Hebamme tätig werden. Allerdings nicht freiwillig oder geplant, sondern einfach, weil manche Babys es unglaublich eilig haben, auf die Welt zu kommen.

An einem sonnigen Tag, an dem ich eigentlich mal nicht arbeiten musste, war ich wie so viele andere Frauen mit Einkaufen beschäftigt. Da ich nicht allzu oft dazu komme, kaufe ich dann gerne reichlich und auf Vorrat ein. An diesem Tag war ich also beladen mit vielen schweren Einkaufsbeuteln und schleppte mich und meine Tüten langsam die Straße entlang, auf eine große Kreuzung zu.

Schon von Weitem sah ich einen Krankenwagen in Schrittgeschwindigkeit mit Blaulicht auf mich zukommen. Als der Wagen auf meiner Höhe war, bemerkte ich, dass der Fahrer mir wild zuwinkte.

Zuerst dachte ich, er wollte nur nett grüßen – vielleicht kannte er mich aus dem Kreißsaal. Schließlich müssen alle Krankenwagenfahrer ein kurzes Praktikum bei uns machen, um die Grundlagen der Geburtshilfe zu erlernen.

Doch dann hielt der Krankenwagen direkt neben mir an und die Tür flog auf. Heraus sprang ein völlig aufgelöster Sanitäter, der mich fest am Arm packte und mich eindringlich bat, sofort mit in den Krankenwagen zu kommen. Eine Frau im Wagen bräuchte dringend meine Hilfe. Ohne groß zu überlegen – schließlich geht es um ein Baby! – ließ ich meine schweren Einkaufsbeutel einfach am Bordstein stehen und sprang in den Wagen.

Was mich dort erwartete, war kein gewöhnlicher Anblick. Die junge Frau im Wagen hatte schon heftige Presswehen, und es war klar, dass die Geburt unmittelbar bevorstand. Die beiden Sanitäter sahen aus, als hätten sie plötzlich den Boden unter den Füßen verloren, also entschloss ich mich, die Führung zu übernehmen. Ich bat die Sanitäter, mir schnell einige Dinge herauszusuchen – obwohl ich mir sicher bin, dass sie nicht wirklich wussten, was sie da suchten. Der jungen Frau stellte ich mich kurz vor und erklärte ihr, was jetzt passieren würde. Dann ging es auch schon los.

Während ich mich um die werdende Mutter kümmerte, musste ich gleichzeitig den Fahrer davon abhalten, wieder loszufahren. Das letzte, was ich jetzt gebrauchen konnte, war ein schaukelnder Krankenwagen mitten im Geburtsprozess! Da im Krankenwagen nicht viel Platz war, blieb die Mutter auf der Trage liegen, was ihr im Nachhinein wohl auch sehr recht war. Den überforderten Sanitäter stellte ich in eine Ecke und bat ihn, mir die benötigten Utensilien auf Ansage zu reichen. Ehrlich gesagt, sah er so aus, als wäre er froh, dass er einfach nur dastehen und anreichen musste.

Das Baby ließ sich nicht lange bitten und machte sich eilig auf den Weg. Drei Wehen später erblickte ein strammes kleines Mädchen das Licht der Welt. Die junge Mutter war überglücklich, die Sanitäter wirkten sichtlich erleichtert und ich war einfach froh, dass alles gut gegangen war. Der Fahrer, der mittlerweile wieder zur Tür hereinschaute, stellte das Martinshorn an und fuhr los, um Mutter und Kind sicher ins Krankenhaus zu bringen.

Erst als der Krankenwagen schon davongefahren war, fiel mir wieder ein, dass ich meine ganzen Einkaufsbeutel am Straßenrand hatte stehen lassen.

Na super, dachte ich, die sind jetzt sicher schon halb geplündert. Wer hätte gedacht, dass mein Einkaufserlebnis so enden würde? Aber wie sagt man so schön: Kein Tag ohne eine gute Tat – und manchmal geht es eben darum, ein Baby in einem Krankenwagen auf der Straße auf die Welt zu bringen!

In der Klinik angekommen, übergab ich Frau und Kind an meine Kolleginnen und setzte mich schnell hin, um die Geburtsdokumente auszufüllen. Als alles erledigt war, stand ich einen Moment ratlos herum. Die Aufregung legte sich langsam und plötzlich fiel mir mit einem großen Schreck ein: Meine Handtasche! Mit all meinen Papieren und meinem

Portemonnaie! Die hatte ich zusammen mit den Einkauftüten am Bordstein stehen lassen. Und jetzt? Wie sollte ich ohne Geld überhaupt wieder in die Stadt kommen?

Mir blieb wohl nichts anderes übrig, als den langen Weg zu Fuß anzutreten. Das war ja mal eine schöne Bescherung. Ich öffnete die Kreißsaaltür, bereit mich auf den Marsch zu machen, als ich plötzlich zwei vertraute Gesichter sah: Die Rettungssanitäter standen dort und warteten auf mich. Ich war völlig überwältigt! Die beiden hatten nicht nur ihren eigentlichen Job mit Bravour gemeistert, sondern auch an mich gedacht und wollten mich zurück in die Stadt fahren. Als ich ihnen von meinem kleinen Handtaschendesaster erzählte, fuhren sie mich sofort zurück zu der großen Kreuzung, an der ich meine Sachen hatte stehen lassen.

Und man glaubt es kaum – dort standen meine Einkauftüten mit meiner Handtasche noch immer unversehrt an genau der gleichen Stelle! Ein echtes Wunder! Kein neugieriger Passant, kein windiger Dieb hatte sich an meinen Sachen vergriffen.

Die Sanitäter, die nun wirklich zu meinen Helden des Tages wurden, boten mir sogar an, mich bis nach Hause zu fahren. Natürlich nahm ich das Angebot dankbar an. Während der Fahrt bedankten sie sich nochmals bei mir für die Hilfe im Krankenwagen, doch ich versicherte ihnen, dass ich diejenige bin, die ihnen zu danken hat. Schließlich hätte der Tag ohne ihre Fürsorge ein ganzes Stück unangenehmer für mich enden können.

Als ich schließlich zu Hause ankam und meine Einkäufe sicher verstaut hatte, setzte ich mich erstmal auf die Couch und atmete tief durch. Es war wirklich ein Tag voller Überraschungen gewesen – aber die größte Erleichterung verspürte ich darüber, dass weder mein Einkauf noch meine Handtasche verschwunden waren. Manchmal sind es eben die kleinen Wunder des Alltags, die einem das größte Lächeln ins Gesicht zaubern!

35.Kapitel

Oh, Weiterbildungen – das notwendige Übel im Leben einer Hebamme! Natürlich müssen wir uns ständig weiterbilden, um auf dem neuesten Stand zu bleiben und das Beste für unsere Patientinnen tun zu können. Manche dieser Weiterbildungen sind tatsächlich spannend und lehrreich und man verlässt den Kurs mit dem Gefühl, wirklich etwas dazugelernt zu haben. Aber seien wir ehrlich, es gibt auch diese anderen Arten von Fortbildungen – die, bei denen man sich fragt, ob man nicht besser seine Zeit damit verbracht hätte, die Sockenschublade zu sortieren.

Ein besonders denkwürdiges Erlebnis hatte ich bei einer Weiterbildung, die sich „Arbeitsverbesserungen für Hebammen" nannte. Klingt ja erstmal vielversprechend, oder? Ich dachte mir, endlich mal etwas

Nützliches, das mir vielleicht hilft, meinen Alltag effizienter zu gestalten. Also saß ich da, voller Vorfreude, bereit, neues Wissen aufzusaugen.

Der Kurs begann damit, dass uns aus Buntpapier ausgeschnittene Füße auf den Tisch gelegt wurden. Füße! Aus Buntpapier! Ich dachte mir noch, na gut, vielleicht soll das ja eine kreative Methode sein, um unsere Probleme zu visualisieren. Also schrieb ich brav meine beruflichen Herausforderungen auf diesen Papierfuß – wer weiß, vielleicht würde das ja wirklich helfen.

Aber dann kam der nächste Schritt:

Wir sollten den Fuß umdrehen und aufschreiben, wie Pippi Langstrumpf unsere Probleme lösen würde. Pippi Langstrumpf?!? Ich schaute die Kursleiterin ungläubig an und fragte mich, ob ich in der falschen Veranstaltung gelandet war. Vielleicht hatte ich versehentlich den Raum gewechselt und war jetzt in einem Kurs für angehende Kinderbuchautoren?

Also fragte ich höflich nach, ob ich das richtig verstanden hatte – ob wir wirklich von Pippi Langstrumpf lernen sollten, wie man Arbeitsprobleme löst. Und tatsächlich, das war der Plan. Da konnte ich nicht anders und sagte: „Okay, dann nehme ich jetzt mein geschecktes Pferd und meinen Affen und reite hier raus!"

Und genau das tat ich – na gut, ohne Pferd und Affen, aber mit meinen Sachen unterm Arm. Ich konnte einfach nicht glauben, dass ich meine kostbare Zeit und mein Geld damit verschwenden sollte, Pippi Langstrumpf als Lebensberaterin zu Rate zu ziehen. Lieber gehe ich meine Probleme direkt an, anstatt darauf zu warten, dass ein Mädchen mit Ringelsocken und übermenschlichen Kräften sie für mich löst.

Und wie sich herausstellte, war ich nicht die Einzige, die diesen Gedanken hatte. Etliche meiner Kolleginnen packten ebenfalls ihre Sachen und folgten mir. Manchmal ist es eben besser, die Weiterbildung direkt auf das Wesentliche zu verkürzen – und in diesem Fall bedeutete das: Gehen, bevor man anfängt, sich wie Pippi Langstrumpf auf zu führen!

36.Kapitel

Natürlich brachte meine Freiberuflichkeit auch einige unerwartete Herausforderungen mit sich, darunter zwei ungeplante Hausgeburten, bei denen ich völlig unvorbereitet vor Ort war. Diese Ereignisse verlaufen nicht nach Plan – weder meinem noch dem der betroffenen Frauen. Aber wenn es eines gibt, das ich gelernt habe, dann, dass Babys sich nicht immer an den Zeitplan und an irgendwelche Wünsche der beteiligten Personen halten.

Das erste Mal, als ich eine ungeplante Hausgeburt erlebte, wollte ich eigentlich nur mein eigenes Kind zur Schule bringen. Eine Klassenkameradin meines Kindes sollte auf dem Weg mitgenommen werden.

Die Mutter des Mädchens war bei mir zur Nachsorge in Betreuung – das zweite Mal, denn auch bei ihrer ersten Tochter hatte ich sie schon begleitet.

Als wir bei ihrem Haus ankamen, steckte der Schlüssel von außen im Türschloss. Das war unser vereinbartes Zeichen: „Komm einfach rein!" Das war praktisch, denn oft sind frischgebackene Mütter gerade mit Stillen oder Wickeln beschäftigt, wenn ich zum Hausbesuch komme und können nicht zur Tür rennen. Also trat ich ein und fand die Mutter im Türrahmen zum Wohnzimmer – na ja, „fand" ist vielleicht das falsche Wort. Sie klammerte sich förmlich am Türrahmen fest, als würde sie sonst umfallen.

Ein Blick genügte und mir war klar: Die Geburt steht kurz bevor. Keine Zeit für große Diskussionen! Zunächst schickte ich die große Tochter zu meinem Kind ins Auto. Sie sollten zusammen warten, während ich mit der Situation fertig wurde. Dann rief ich meinen Mann an und bat ihn, die Kinder abzuholen und zur Schule zu bringen – ein Glück, dass ich an alles dachte!

Nun wandte ich mich der jungen Mutter zu und fragte sie, ob sie sich hinlegen könnte, damit ich sie untersuchen und die Lage besser einschätzen könnte. Kaum hatte sie sich hingelegt, war auch schon klar: Für lange Überlegungen war es zu spät. Der Muttermund war vollständig geöffnet und die Presswehen hatten bereits begonnen. Dieses Kind hatte es eilig, die Welt zu erobern.

Da fiel mir ein, dass ihr Nachbar ein Frauenarzt war. Ich rief ihn schnell an und bat ihn, herüberzukommen. Seine Antwort? „Es ist nicht meine Patientin, da komme ich nicht vorbei." Na toll, dachte ich. So viel zur Nächstenliebe. Aber gut, ich brauchte ihn sowieso nicht. Also griff ich zum Telefon und rief den Rettungsdienst an, um einen Krankenwagen und den Notarzt zu bestellen. Die freundliche Person am anderen Ende der Leitung fragte, ob ich solange bleiben könnte, bis Hilfe eintrifft. Na klar, das war ja selbstverständlich!

Zwischendurch rief ich den Ehemann der Frau an. Leider war er weit weg auf Montage. Er fragte nervös, ob er sofort losfahren solle. Ich sagte ihm, dass er ruhig losfahren könne, aber er solle sich nicht stressen – er würde es sowieso nicht rechtzeitig schaffen. „Keine Sorge, ich bin hier und kümmere mich", versicherte ich ihm.

Schnell lief ich die Treppe hinauf und suchte im Schlafzimmer und Bad nach Handtüchern. Ich hatte immerhin Handschuhe dabei, aber nichts weiter, was man bei einer Hausgeburt brauchen könnte. Zurück bei der Mutter, schob ich ihr schnell ein paar Handtücher unter – und schon machte sich das Baby auf den Weg. Zweimal gepresst und da war es: Ein gesundes kleines Baby!

Während der ganzen Zeit betete ich im Stillen: „Bitte, lass alles gutgehen. Lass das Baby gut Luft holen, lass keine Blutungen entstehen."

Glücklicherweise ging alles gut. Ich legte das Baby der Mutter auf die Brust, gerade als die Sanitäter eintrafen. Sie sahen mich an, als hätten sie einen Engel gefunden. Sie waren so erleichtert, dass ich da war und sie die Geburt nicht selbst betreuen mussten.

Selbst die Nachgeburt kam schnell und komplikationslos, es gab keine nennenswerten Geburtsverletzungen und die Blutung war im normalen Bereich. Da hörten wir den Notarzt auf den Hof fahren. Die Sanitäter grinsten sich eins und beschlossen, ihn ein bisschen aufs Korn zu nehmen. Einer von ihnen rannte hinaus und rief: „Kommen Sie schnell, das Baby kommt gleich!"

Ich konnte mir ein Lächeln nicht verkneifen – die Situation war einfach zu köstlich. Der Notarzt stürmte herein, bereit, einen dramatischen Einsatz zu leisten.

Er kam völlig aufgelöst und außer Atem hereingestolpert, als hätte er gerade an einem Marathon teilgenommen. Kaum war er durch die Tür, fing das Baby laut an zu schreien. Er hielt inne, grinste uns erleichtert an und meinte: „Da wäre ich ja fast darauf hereingefallen!" Er gab sofort zu, dass Geburten absolut nicht sein Fachgebiet seien. Die letzte Geburt, die er gesehen hatte, war während seines Studiums gewesen – und das war schon eine Weile her.

Nachdem alles erledigt war, nahmen sie die junge Mutter und das Baby ins Krankenhaus mit. Ich blieb zurück, um noch ein letztes wichtiges Telefonat zu führen – mit dem frischgebackenen Vater. „Ich muss dich vorwarnen," sagte ich ihm, „es könnte zu Hause ein bisschen chaotisch aussehen, wenn du kommst. Die Geburt fand ja im Wohnzimmer statt." Er lachte nervös, aber ich versicherte ihm, dass ich mein Bestes getan hatte, um alles so gut wie möglich wieder in Ordnung zu bringen. Nachdem ich die Wohnungstür abgeschlossen und den Schlüssel sicher im Briefkasten verstaut hatte, machte ich mich auf den Weg zum Standesamt. Schließlich musste die Geburt ja noch offiziell gemeldet werden.

Wie zu erwarten, war die Standesbeamtin ein wenig überfordert. „Eine Hausgeburt? Hier?", fragte sie, als wäre ich gerade mit einem UFO gelandet. Natürlich hatte sie in ihrer Ausbildung von so etwas gehört, aber das war wohl das erste Mal, dass sie es tatsächlich in die Praxis umsetzen musste. Nach ein bisschen Hin und Her, einem Haufen Papierkram und einer Menge freundlicher Ermutigung meinerseits, hatten wir es schließlich geschafft – alle Papiere waren nach einer Stunde in trockenen Tüchern.

Später erzählte mir der Vater lachend, dass er sich beim Heimkommen wie ein Detektiv gefühlt hatte. Vorsichtig schlich er ins Haus, in Erwartung eines Schlachtfeldes – Blut an den Wänden, Fruchtwasser auf dem Boden, ein heilloses Durcheinander, wie man es in den Filmen immer sieht. Aber zu seiner Überraschung war alles ordentlich und sauber. Na ja, bis auf einen großen Fleck auf der Couch, aber der war nicht der Rede wert. Schließlich hatte ich alle benutzten Handtücher fein säuberlich ins Badezimmer ins Waschbecken gelegt. Seine einzige Aufgabe bestand darin, diese in die Waschmaschine zu stecken. Ach, und keine Sorge – die Couch wurde übrigens problemlos von der Versicherung ersetzt.

37.Kapitel

Natürlich sind mir während meiner selbständigen Tätigkeit als Hebamme auch einige Kuriositäten begegnet. Eine davon war das Beglaubigen von Vaterschaftstests – ein eher heikles Unterfangen, bei dem man wirklich keine Fehler machen darf. Die Frauen müssen den Test selbst in der Apotheke besorgen und kommen dann mit den zu testenden Personen, also dem Baby und dem vermeintlichen Vater, zu mir in die Praxis.

Eines Tages rief mich eine Frau an, die ich bereits betreut hatte und fragte, ob ich bei ihr den Vaterschaftstest beglaubigen könnte. Kein Problem, dachte ich und gab ihr einen Extratermin. Solche Termine lege ich immer außerhalb meiner normalen Sprechzeiten, damit niemand anderes in der Praxis ist – schließlich geht es um Datenschutz und die Persönlichkeitsrechte der Beteiligten. Am Telefon erklärte ich ihr genau, was sie mitbringen sollte und wir vereinbarten einen Termin.

Am besagten Tag stand sie pünktlich in meiner Praxis, das Baby auf dem Arm. Aber dann – ihr werdet es nicht glauben! – kamen noch sieben Männer hinter ihr hereingeschneit. Ja, richtig gelesen: sieben! Ich war völlig perplex und musste erst einmal meine Fassung wiederfinden. „Bei wem soll ich denn jetzt den Vaterschaftstest machen?" fragte ich, etwas unsicher. Die Frau sah mich ganz gelassen an und sagte: „Na, bei allen sieben!"

„Alle sieben?" wiederholte ich ungläubig, während mein Verstand noch versuchte, das Gesehene zu verarbeiten.

„Ja," bestätigte sie, und die Männer nickten im Einklang, als wäre das das Selbstverständlichste auf der Welt. Da musste ich mich erst einmal hinsetzen. So etwas hatte ich noch nie erlebt!

Ich versuchte, ruhig und professionell zu bleiben, auch wenn ich innerlich das größte Kopfkino abspielte. Mit möglichst freundlicher Stimme erklärte ich der Frau, dass sieben Vaterschaftstests auf einmal vielleicht doch etwas viel seien. Da könnte doch leicht etwas verwechselt werden und das würde keinem helfen. Ich riet ihr, sich doch lieber an das Gesundheitsamt oder ihren Arzt zu wenden. Außerdem schlug ich vor, Einzeltermine zu vereinbaren – ein Mann nach dem anderen, sozusagen.

Am meisten verblüffte mich jedoch, dass die Männer das alles so gelassen hinnahmen. Keinerlei Anzeichen von Streit oder Konkurrenzgehabe – sie schienen alle friedlich wie Schäfchen mitgedackelt zu sein. Ich konnte nur den Kopf schütteln, während ich der ungewöhnlichen Gruppe nachsah.

Ein paar Wochen später rief mich die junge Mutter erneut an. Schon an ihrer Stimme hörte ich, dass sie völlig aufgelöst und verzweifelt war. Bevor ich überhaupt „Hallo" sagen konnte, platzte sie heraus: „Was soll ich jetzt bloß machen? Keiner von den sieben Männern ist der Vater!"

Ich musste mich kurz sammeln, um nicht selbst ins Grübeln zu kommen. Was sagt man in so einer Situation? Aber dann schaltete ich mein professionelles Ich ein und ich sagte beruhigend: „Komm doch einfach noch einmal zu mir in die Praxis. Wir berechnen den genauen Zeitpunkt, wann du wahrscheinlich schwanger geworden bist, so gut es irgendwie geht. Vielleicht können wir so den potenziellen Vater eingrenzen."

Gesagt, getan. Sie kam zu mir und wir setzten uns zusammen. Nach vielen Fragen, Überlegungen und einer gefühlten Ewigkeit an Berechnungen konnten wir den möglichen Zeitpunkt tatsächlich ziemlich genau bestimmen. Und ihr werdet es nicht glauben – aber wir haben tatsächlich den passenden Vater für das Baby gefunden!

38.Kapitel

Das zweite Mal, als mich eine ungeplante Hausgeburt ereilte, war es tiefster Winter – und zwar richtig Winter! Es lag so viel Schnee, dass selbst die Schneemänner sich fragten, ob das nicht doch ein bisschen zu viel des Guten war. Und als ob das nicht genug wäre, tobte draußen ein Schneesturm, der sich gewaschen hatte. Ich bekam einen verzweifelten Anruf von einer jungen Mutter, die ihr zweites Kind erwartete. Sie wohnte auf dem Land, weit weg vom nächsten Dorf und der Weg zu ihr war zugeschneit und damit unpassierbar geworden. Sie hatte schon alles versucht: Krankenwagen, Notarzt – aber nichts und niemand kam zu ihr durch. Der Rettungshubschrauber? Fehlanzeige! Der konnte wegen des Schneesturms nicht einmal abheben.

Da war klar: Irgendjemand musste der armen Frau doch helfen und dieser Jemand war offenbar ich. Zum Glück fahre ich einen SUV mit Allradantrieb, der in den meisten Fällen auch durch die widrigsten Bedingungen kommt. Also machte ich mich auf den Weg, soweit es eben ging. Doch im nächstgelegenen Dorf war Endstation – die Straßen waren völlig zugeweht, kein Durchkommen mehr. Kein Schneepflug in Sicht, dafür aber Notarzt und Sanitäter, die ebenfalls auf dem Parkplatz festsitzen. Wir beratschlagten, was nun zu tun sei.

„Ich werde es auf jeden Fall zu Fuß versuchen," sagte ich entschlossen. Also packte ich meine Tasche, hüllte mich noch mal ordentlich in Winterkleidung ein und machte mich bereit für das Abenteuer. Ein Sanitäter entschloss sich, mich zu begleiten – schließlich sollte ich in diesem Schneechaos nicht alleine unterwegs sein. Also stapften wir zu zweit los, durch die meterhohen Schneewehen. Das Haus der Frau lag etwa anderthalb Kilometer entfernt, aber es fühlte sich eher wie eine Polarexpedition an. Die Schneewehen waren teilweise so hoch, dass wir uns wie Bergsteiger fühlten – nur ohne die Aussicht auf einen Gipfel. Zum Glück gab es ein paar kahle Bäume, die uns den Weg wiesen. Aber die Angst, sich zu verlaufen, schlich sich dennoch ein. Es war wirklich mühsam, sich durch den hohen Schnee zu kämpfen, und ich fror wie verrückt. Der Schnee kroch in jede Ritze – von unten in die Hose, unter die Jacke, oben in den Kragen. Es war wirklich nicht schön. Wir sahen bald aus wie wandelnde Eiszapfen. Die Sichtweite war auch sehr eingeschränkt, man konnte höchstens ein paar Meter weit sehen.

Nach einer gefühlten Ewigkeit – und mit halberfrorenen Nasen – erreichten wir endlich das Haus der Frau. Ich war völlig fertig, als hätte ich gerade den Mount Everest bestiegen. Doch kaum traten wir ins Wohnzimmer, wurden wir von einem Bild der vollkommenen Zufriedenheit begrüßt: eine glückliche Mutter mit einem Baby im Arm. Tja, wir waren nicht rechtzeitig angekommen. Sie hatte die Geburt tatsächlich ganz alleine bewältigt.

Für uns blieb nicht mehr viel zu tun, außer die Nachgeburt zu holen und die üblichen Checks zu machen. Ich kontrollierte Puls und Blutdruck der Mutter, den Höhenstand der Gebärmutter und sah nach der Blutung. Das Baby wurde vermessen, gewogen und gründlich untersucht – und ich konnte es der Mutter mit einem zufriedenen Lächeln in die Arme legen. Alles war in bester Ordnung.

Bevor wir uns auf den Rückweg machten, wurden wir noch ordentlich verpflegt. Heiße Suppe, warmer Tee – alles, was man brauchte, um sich für den Rückmarsch zu stärken. Nach einer kurzen Verschnaufpause und weiteren Anweisungen zur Pflege von Mutter und Kind, machten wir uns wieder auf den Weg. Der Rückweg? Nun ja, er war genauso beschwerlich wie der Hinweg – wenn nicht sogar noch schlimmer, weil wir wussten, was uns erwartet.

Als ich schließlich wieder in meinem Auto saß, sah ich aus wie ein Schneemann – mit ein paar mehr Frostbeulen. Aber trotz allem war ich erleichtert und glücklich, dass alles so gut gegangen war. Da sieht man mal, die Natur weiß oft am besten, was zu tun ist – auch ohne unsere Hilfe.

39.Kapitel

Das Absonderlichste, was mir jemals in meiner Laufbahn untergekommen ist, werde ich euch jetzt erzählen. Es ist ein Fall aus meiner Zeit als freiberufliche

Hebamme. Ich betreute eine junge Frau, die ihr drittes Kind erwartete. Die Schwangerschaft verlief nicht ganz reibungslos, sodass wir uns öfter treffen mussten. Bei einem meiner Hausbesuche saßen wir gemütlich im Wohnzimmer auf der Couch, und die werdende Mutter begann, offen über ihre Schwangerschaft zu sprechen. Dabei rückte sie mit einer Information heraus, die mich zunächst nur schmunzeln ließ: In dieser Schwangerschaft sei sie besonders sexuell aktiv, und sie könne es kaum erwarten, bis ihr Mann endlich nach Hause kommt.

Das ist natürlich nichts Ungewöhnliches, und ich nickte verständnisvoll. Doch dann fing sie an, mir stolz ihr Sexspielzeug zu zeigen, und das Gespräch nahm eine ungeahnte Wendung. Ihr besonderes Highlight: eine frisch erworbene Sexschaukel. Ich erklärte ihr, dass daran überhaupt nichts Verwerfliches sei, solange sie und ihr Mann Spaß daran hätten. Alles in Ordnung, dachte ich mir. Doch was dann kam, darauf war ich wirklich in keinster Weise vorbereitet.

Mit einem geheimnisvollen Lächeln sagte sie, sie hätte etwas ganz Besonderes und fragte, ob ich es nicht auch mal probieren möchte. Nun, als Hebamme ist man ja einiges gewohnt, und ich dachte sofort an etwas Selbstgemachtes – vielleicht Kuchen oder eine spezielle Marmelade. Doch weit gefehlt! Stattdessen holte sie eine Eiswürfelschale aus dem Gefrierfach.

„Ah, sie hat sich selber Eis gemacht," dachte ich noch bei mir, „auch nicht schlecht." Doch dann kam die Erklärung: Diese Eiswürfel waren nicht aus Wasser, sondern aus dem Sperma ihres Mannes hergestellt. Ja, richtig gelesen! Und das Beste daran? Sie bot mir einen davon an!

Ich stand da, völlig perplex und mein Hirn versuchte, diese Information zu verarbeiten. Lachen? Weinen? Oder doch lieber schreiend wegrennen? Ich war absolut von den Socken. Natürlich – jeder soll machen, was ihn glücklich macht und wenn das für sie und ihren Mann eine nette Spielerei war, bitte schön. Aber Sperma-Eiswürfel fremden Leuten anzubieten? Das war selbst für mich, mit all meinen Erfahrungen, die Krönung des Ganzen.

Nun stand ich vor der Herausforderung, ihr irgendwie klarzumachen, dass ich dieses besondere Eis nicht probieren wollte, ohne sie zu verletzen. Sie war so freudig und stolz auf ihre Kreation, dass ich nicht wollte, dass sie meine Ablehnung falsch versteht. Also wählte ich meine Worte mit Bedacht und lehnte so schonend wie möglich ab. Doch ihr Gesichtsausdruck verriet mir, dass sie meine Entscheidung überhaupt nicht nachvollziehen konnte. Irritiert sah sie mich an, als wäre ich diejenige, die gerade etwas Ungewöhnliches tun würde.

Ihr könnt euch sicher denken, dass die nächsten Treffen fortan nur noch in meiner Praxis stattfanden. Ich wollte auf keinen Fall riskieren, dass mir so etwas noch einmal angeboten wird! Dieses Erlebnis hat es definitiv in meine persönlichen Annalen geschafft und jedes Mal, wenn ich daran denke, muss ich schmunzeln und lachen über die wohl außergewöhnlichsten „Bonbons", die mir je angeboten wurden.

40. Kapitel

Während meiner Freiberuflichkeit habe ich so einiges erlebt, das mich manchmal nur noch den Kopf schütteln ließ. Eine dieser denkwürdigen Begegnungen hatte ich mit einer jungen Familie, die gerade ihr erstes Kind bekommen hatte. Die junge Mutter war mit der neuen Situation etwas überfordert und brauchte viel Unterstützung. Aber gemeinsam haben wir uns durchgetastet, Schritt für Schritt alles besprochen, was gemacht werden musste und was notwendig war. Da sie sich gegen das Stillen entschieden hatte, erklärte ich ihr mehrfach, wie sie das Fläschchen für das Baby zubereiten sollte. Natürlich nahm ich auch den jungen Vater mit ins Boot – schließlich sollte er auch wissen, wie alles funktioniert. Die beiden wohnten bei den Eltern der Mutter im Haus, was mich beruhigte. Ich hatte das gute Gefühl, dass immer noch jemand vor Ort war, der im Notfall helfend zur Seite stehen konnte.

Eines Tages, als ich zum Hausbesuch kam, empfing mich die junge Mutter freudestrahlend an der Tür. Sie war ganz stolz und erzählte mir, dass sie frisches Chili gekocht habe. Daran war ja erstmal nichts auszusetzen – im Gegenteil, ich freute mich für sie, dass sie sich so in ihre Rolle als Hausfrau einfand. Aber was sie dann sagte, ließ mir die Nackenhaare zu Berge stehen. Sie meinte völlig begeistert, dass sie dem Baby etwas von dem Chili zum Probieren gegeben hätte. Ich stutzte und fragte: „Wie jetzt, Chili gegeben?"

Mit leuchtenden Augen erklärte sie mir, dass sie ein bisschen Chili auf ihren Finger gemacht habe, und das Baby hätte es so gierig abgelutscht, dass sie ihm sogar etwas davon in die Flasche getan habe. In diesem Moment wich mir alle Farbe aus dem Gesicht. Chili in die Flasche des Babys? Ich dachte, ich hätte mich verhört. Also fragte ich nochmal nach: „Meinst du das im Ernst? Hast du dem Baby Chili in die Flasche gemacht?"

Sie nickte und bestätigte es mir, als wäre es die normalste Sache der Welt. Ich war völlig verstört und musste erstmal meine Gedanken sortieren. Ich fragte sie, wann das gewesen sei, und sie erzählte mir fröhlich, dass sie die Flasche gerade eben gefüttert hätte. Da musste ich tief durchatmen. Ich erklärte ihr, dass Chili für ein Baby Verätzungen und Reizungen verursachen kann und dass ich deshalb sofort den Notarzt rufen würde.

Also rief ich beim Rettungsdienst an, erklärte kurz, was passiert war, und bat um schnelle Hilfe. Der Notarzt war tatsächlich keine 12 Minuten später vor Ort. Er untersuchte das Baby und meinte dann, er wisse jetzt auch nicht genau, was zu tun sei. Na toll, dachte ich – da ruft man einen Arzt und der ist genauso ratlos wie ich! Also schlug ich vor, das Kind in die Kinderklinik zu fahren, damit die Spezialisten vor Ort entscheiden können, was zu tun ist.

Inzwischen war der jungen Mutter wohl auch klar geworden, dass es keine besonders gute Idee gewesen war, ihrem Baby frisch gekochtes Chili zu trinken zu geben. Ich erklärte ihr ruhig, dass nun nichts mehr daran zu ändern sei, dass das Baby aber unbedingt untersucht werden müsse. Deshalb sollte sie jetzt mit dem Kind im Krankenwagen in die Klinik fahren.

Ein paar Tage später kam dann endlich der erlösende Anruf. Es ging dem Baby gut, und sie konnte mit ihrem Kind wieder nach Hause kommen. Am nächsten Tag vereinbarten wir einen Termin, und ich fuhr wieder zum Wochenbettbesuch zu ihr nach Hause. Die Mutter erzählte mir, dass es glücklicherweise nur zu einer geringen Verätzung gekommen war, da das Chili mit etwas Milch verdünnt gewesen sei. Die kleine Maus war aber zur Beobachtung zwei Tage im Krankenhaus geblieben, um sicherzustellen, dass wirklich alles in Ordnung war.

Wir setzten uns hin und besprachen noch einmal in aller Ruhe, was beim Baby zu beachten ist, damit so etwas nicht noch einmal passiert. Zum Glück hat die kleine Maus keinen Schaden davongetragen und alles gut überstanden. Ich habe der Familie dann noch zusätzlich eine Familienhebamme empfohlen. Dieser

Vorschlag wurde dankbar angenommen, denn eine Familienhebamme kann noch viel länger und intensiver betreuen wie ich als „normale" Hebamme. Damit war die weitere Betreuung gesichert, wenn meine Arbeit in dieser Familie endete. Doch diese Episode bleibt mir wohl für immer im Gedächtnis – eine Mischung aus Schock und Erleichterung, dass am Ende doch alles gut ging.

41. Kapitel

Natürlich sorgt man als Hebamme das eine oder andere Mal für Aufregung – manchmal ganz ungewollt. So war es auch bei einem meiner Hausbesuche zur Nachsorge bei einer jungen Mutter, die per Kaiserschnitt entbunden hatte. Die Schwangerschaft war völlig unauffällig verlaufen und der Kaiserschnitt war nötig, weil das Baby sich entschlossen hatte, mit dem Po zuerst geboren werden zu wollen – eine klassische Steißlage. Es war mein erster Hausbesuch nach der Geburt und die junge Mutter lebte, wie viele meiner Patientinnen, auf dem Land. Für mich war das nichts Ungewöhnliches, schließlich war ich selbst eine „Landhebamme" und gewohnt, auf abgelegenen Höfen und in kleinen Dörfern zu arbeiten.

Der Hausbesuch begann ganz normal. Ich schaute mir das Baby an, notierte alles in meiner Dokumentation, und die Mutter erzählte mir von ihrer Geburt und dem Klinikaufenthalt. Alles schien in bester

Ordnung zu sein. Doch dann erwähnte sie, dass sie den ganzen Tag schon Kopfschmerzen hatte. Sie fragte mich, ob das wohl am Wetter liegen könnte. Bei dem Wort „Kopfschmerzen" schrillen bei einer Hebamme sofort die Alarmglocken. Kopfschmerzen können nämlich ein Symptom für ernsthafte Komplikationen sein, auch im Wochenbett. Es gibt Erkrankungen, die unmittelbar mit der Schwangerschaft und Geburt zusammenhängen und sehr gefährlich werden können.

Also fragte ich genauer nach: „Wie sind die Kopfschmerzen? Hast du noch andere Symptome?" Als sie mir dann auch noch von Augenflimmern erzählte, wurde ich richtig unruhig. Das klang nicht gut. Sofort holte ich mein Blutdruckgerät heraus und maß ihren Blutdruck. Der Wert war utopisch hoch – so hoch, dass ich erst einmal nichts sagte, um sie nicht noch mehr zu beunruhigen. Stattdessen meinte ich nur, dass ich in ein paar Minuten nochmal messen würde. In der Zwischenzeit lenkte ich sie mit anderen Themen ab, zum Beispiel sprachen wir über das Stillen.

Als ich den Blutdruck erneut maß, war er sogar noch höher als bei der ersten Messung. Jetzt schlugen bei mir alle Alarmglocken. Ein absolutes Alarmsignal! Ich wusste, dass wir keine Zeit zu verlieren hatten. So sanft wie möglich erklärte ich der Mutter, was jetzt passieren würde: „Ich muss den Notarzt rufen und du musst sofort wieder in die Klinik."

Wie erwartet, war die junge Mutter jetzt völlig aufgelöst – was für den Blutdruck natürlich alles andere als günstig ist. Ich rief den Notdienst an und schilderte den Fall. Da die Frau auf dem Land wohnte und der Weg zur Klinik weit war, teilte man mir am Telefon mit, dass sie einen Rettungshubschrauber schicken würden. Sie fragten, ob ich wüsste, wo dieser landen könnte. Ich blickte aus dem Fenster und sah gegenüber beim Nachbarn eine freie Wiese. Also beschrieb ich ihnen so genau wie möglich, wie sie diese Wiese finden konnten und sagte, dass ich auf der Straße auf sie warten würde.

Währenddessen versuchte die verzweifelte Mutter ihren Mann zu erreichen, aber ohne Erfolg – das Handy blieb stumm. Ich half ihr schnell, ein paar Sachen zusammenzupacken. Glücklicherweise hatte sie ihren Klinikkoffer noch nicht ausgepackt, sodass wir nur ein paar Dinge hinzufügen mussten.

Ein paar Minuten später hörte ich schon das Geräusch des herannahenden Hubschraubers. Ich rannte nach draußen auf die Straße, das Herz klopfte mir bis zum Hals.

So ein Ereignis war hier schließlich auch alles andere als alltäglich! Den Nachbarn, auf dessen Grundstück der Hubschrauber landen sollte, hatte ich noch schnell informieren können, und er hatte sofort zugestimmt. Das war natürlich ein einmaliges Erlebnis für das gesamte Dorf – so nah war der Trubel des „großen Ganzen" hier selten zu erleben.

Als der Hubschrauber schließlich landete, wirbelten die Rotorblätter Erde, Staub und Blätter auf und alle Augen waren gespannt auf das Spektakel gerichtet. Ich zeigte den Rettungssanitätern und dem Notarzt, wo die Frau zu finden war. Sie überprüften meine gemessenen Werte und kamen zu demselben Schluss wie ich: Die Frau musste sofort wieder in die Klinik. Der Notarzt verabreichte ihr noch vor Ort die ersten Notfallmedikamente und dann ging es auch schon los.

Doch ein Problem blieb: Mit dem Rettungshubschrauber konnte das Baby nicht mitgenommen werden. Den Ehemann hatten wir bis zu diesem Zeitpunkt immer noch nicht erreicht. Die Mutter sah mich mit flehentlichen Augen an, gab mir noch schnell die Telefonnummer ihres Mannes und dann liefen die Sanitäter mit ihr los, um sie in den Hubschrauber zu bringen. Ich beruhigte sie und versprach ihr, bei dem Baby zu bleiben, bis ihr Mann nach Hause kommt. „Mach dir keine Sorgen," sagte ich ihr, „ich bleibe hier und kümmere mich um die Kleine. Du konzentrierst dich jetzt darauf, wieder gesund zu werden."

Kaum war der Hubschrauber wieder in der Luft und aus dem Blickfeld verschwunden, stand ich etwas ratlos auf der Straße. Die Nachbarn, die das ganze Spektakel beobachtet hatten, kamen angelaufen und fragten, was denn passiert sei. Da ich einige von ihnen bereits betreut hatte, war es eine vertraute Runde. Kurz erklärte ich die Situation und wie sich herausstellte, war das Dorf nicht nur neugierig, sondern auch unglaublich hilfsbereit. Eine Nachbarin fuhr sofort los, um Babynahrung und Fläschchen zu besorgen, während ein anderer Nachbar sich bereit erklärte, den Vater von der Arbeit abzuholen – er wusste glücklicherweise, wo er arbeitete, auch wenn es nicht gerade um die Ecke war. Ich rechnete damit, dass die beiden frühestens in vier Stunden wieder zurück sein würden.

Da ich der Mutter versprochen hatte, beim Baby zu bleiben, tat ich natürlich genau das. Ich rief alle anderen Frauen an, die an diesem Tag noch auf meinem Plan standen und bat um Verständnis, dass ich heute nicht mehr kommen könnte. Wie erwartet, hatten alle vollstes Verständnis – schließlich könnte so eine Situation auch ihnen passieren

Das Baby war ein echter Engel und hatte von dem ganzen Drama glücklicherweise nichts mitbekommen. Es schlief friedlich, während ich mich um alles andere kümmerte. Kurz darauf brachte die Nachbarin die Babynahrung und wir konnten die kleine Maus satt und zufrieden bekommen.

Ich war schon eine ganze Weile bei dem Baby, als mein Handy klingelte. Am anderen Ende der Leitung war die Klinik. Sie berichteten mir, dass es der Mutter inzwischen mit den Medikamenten etwas besser ginge und dass sie sehr froh waren, dass ich so schnell gehandelt hatte. Darüber war ich unglaublich erleichtert! Einerseits natürlich, weil es der Frau besser ging, aber andererseits auch, weil die Klinik damit die Arbeit von uns freiberuflichen Hebammen anerkannt hatte – ein kleines, aber bedeutsames Lob.

Nach gut vier Stunden stand schließlich der völlig verwirrte Ehemann in der Tür. Er hatte die ganze Aufregung verpasst und sah mich mit großen Augen an. Ich erklärte ihm erstmal in aller Ruhe, was passiert war und gab ihm die Telefonnummer der Intensivstation, auf der seine Frau nun lag. Dann zeigte und erklärte ich ihm, was er jetzt alles zu tun hatte. Ich riet ihm auch, dass er sich vom Arzt krankschreiben lassen sollte, damit er sich in den nächsten Tagen um das Baby kümmern kann, während seine Frau im Krankenhaus ist.

Während wir noch sprachen, klingelte es plötzlich an der Tür. Eine Nachbarin aus dem Dorf weiter unten stellte sich vor und bot dem jungen Papa ihre Hilfe an. Sie hatte vor neun Monaten selbst ein Kind bekommen und sagte ihm, er könne sie jederzeit anrufen, wenn er Unterstützung brauche. Das fand ich natürlich Spitzenklasse! So war der arme Mann nicht völlig auf sich allein gestellt und ich konnte mit einem guten Gefühl nach Hause fahren.

Diese ganze Situation hatte mich ehrlich gesagt ganz schön mitgenommen. Aber ich war unheimlich froh, dass am Ende alles gut ausgegangen war. Doch das Ereignis mit dem Rettungshubschrauber war noch wochenlang das Hauptgesprächsthema im Dorf und ich wurde immer wieder darauf angesprochen.

Manchmal sind es genau diese Momente, die einem in Erinnerung bleiben und die uns zeigen, wie stark die Gemeinschaft in einem kleinen Dorf sein kann.

Ein paar Tage später bekam ich den erlösenden Anruf: Die Mutter war in der Klinik gut versorgt worden und ihr Zustand hatte sich stabilisiert. Sie konnte bald nach Hause zurückkehren und es ging ihr und dem Baby gut. Ich besuchte sie kurz darauf wieder und wir sprachen darüber, was passiert war. Zum Glück hatte sie keinen bleibenden Schaden davongetragen und das war die Hauptsache.

Doch diese dramatische Episode wird mir wohl immer im Gedächtnis bleiben – nicht nur wegen der Aufregung, sondern auch wegen der außergewöhnlichen Umstände. Manchmal kann man als Hebamme wirklich sagen: Kein Tag ist wie der andere!

42. Kapitel

Zu der Zeit, als ich bereits neben meiner Tätigkeit im Kreißsaal eine eigene Praxis führte, ereignete sich in meinen Praxisräumen fast eine Geburt – und das in einer Weise, die ich so schnell nicht vergessen werde.

Ich hatte mir gerade ein neues CTG-Gerät angeschafft. Das ist ein Gerät, mit dem man die Herztöne des ungeborenen Kindes und die Wehentätigkeit der Mutter aufzeichnen kann. Es ist ein unglaublich nützliches Werkzeug, denn mit Hilfe des sogenannten Fisher Scores – einem Punktesystem zur Beurteilung des Zustands des Babys – kann man schnell und zuverlässig feststellen, ob es dem Kind gut geht. Besonders während der Urlaubssaison, wenn viele Frauen zur Vorsorge zu mir kamen, war das CTG-Gerät eine wertvolle Ergänzung in meiner Praxis.

An einem Tag kam eine junge Schwangere zu mir, die für eine geburtsvorbereitende Akupunktur angemeldet war. Sie erzählte mir, dass sie die Kindsbewegungen nicht mehr so stark verspüre wie sonst. Ich erklärte ihr, dass das zu diesem Zeitpunkt der Schwangerschaft normal sein kann, da das Baby oft weniger Platz im Bauch hat. Trotzdem schlug ich vor, ein CTG zu schreiben, um sicherzugehen, dass alles in Ordnung ist. Das Angebot nahm sie dankbar an und ich erklärte ihr, dass ich währenddessen die Akupunktur vornehmen würde.

Nachdem ich das CTG-Gerät bei ihr angelegt hatte, ging ich in den Nebenraum, um die Akupunkturnadeln vorzubereiten. Plötzlich hörte ich, wie sie schwer zu atmen begann, was mich sofort alarmierte. Ich eilte zurück zu ihr und fragte, was los sei. Sie erzählte mir, dass ihr Bauch immer wieder hart werde und fragte, was das wohl sein könnte. Ein Blick auf das CTG verriet mir die Antwort: Das Gerät zeichnete eine Menge Wehen auf.

„Wie lange geht das schon so?" fragte ich, schon etwas besorgt.

„Einige Stunden," antwortete sie, als wäre das nichts Außergewöhnliches.

Das ließ bei mir alle Alarmglocken läuten. Ich schlug vor, eine vaginale Untersuchung zu machen, um festzustellen, ob sich der Muttermund bereits geöffnet hatte. Sie war skeptisch und meinte, dass das doch wohl nicht sein könnte – bei so wenigen Schmerzen. Doch mein Bauchgefühl sagte mir, dass hier etwas im Gange war, dass man nicht auf die leichte Schulter nehmen sollte. Also bestand ich auf der Untersuchung.

Und tatsächlich: Der Muttermund war fast vollständig geöffnet und die Geburt stand unmittelbar bevor. Ich erklärte der Frau kurz die Lage und bat sie, ihre Begleitperson für die Geburt anzurufen. In der Zwischenzeit rief ich die Rettungsleitstelle an und bat sie, sich so schnell wie möglich zu beeilen. Innerlich dachte ich jedoch, dass der Krankenwagen es wahrscheinlich nicht rechtzeitig schaffen würde. Also begann ich, alles zusammenzusuchen, was ich für eine Geburt brauchen würde – improvisieren war angesagt, denn als Hebamme für Klinikgeburten hatte ich natürlich nicht das komplette Hausgeburts-Equipment in meiner Praxis.

Durch die Aufregung wurden die Wehen der Frau noch stärker und sie begann bereits mitzupressen. In diesem Moment hörte ich in der Ferne das „Tatütata" des herannahenden Krankenwagens. Ich schickte ein Stoßgebet gen Himmel – sie hatten wenigstens alles dabei, was wir brauchen würden. Der Wagen hielt direkt vor meiner Praxis und ich öffnete den Sanitätern sofort die Tür. Ich erklärte kurz die Situation und betonte, dass wir es wahrscheinlich nicht mehr in die Klinik schaffen würden. Nach einer kurzen Beratung entschlossen wir uns, die Frau in den Krankenwagen zu bringen und wenigstens in Richtung der Klinik zu fahren.

Doch kaum war sie auf die Trage gelegt und in den Wagen geschoben, wurde klar: Weiter als bis zum nächsten Straßenabschnitt würden wir nicht kommen. Die Wehen waren zu stark und zu dicht aufeinanderfolgend. Ich bot den Sanitätern an, die Geburt im Wagen zu leiten, was sie dankbar annahmen. Nach nur zwei Wehen war der kleine Mann da – geboren im Krankenwagen auf dem Weg zur Klinik, aber noch vor meiner Praxis stehend.

Mutter und Kind waren wohlauf, aber wir hatten nicht bemerkt, dass sich draußen inzwischen eine Menge Schaulustiger um den Wagen versammelt hatte. Als der Kleine kräftig losschrie, brach plötzlich donnernder Applaus aus – eine spontane Jubelfeier für den frisch geborenen Erdenbürger. Nun konnte die Fahrt in die Klinik endlich fortgesetzt werden, diesmal mit einem gesunden Baby und einer stolzen, aber erschöpften Mutter an Bord.

Am nächsten Tag, als ich in die Praxis kam, erwartete mich eine Überraschung: Vor meiner Tür standen unzählige Blumensträuße. Ich war mächtig gerührt von den vielen Grüßen und Glückwünschen, die mir die Anwohner geschickt hatten. Diese kleine Episode ist mir immer in liebevoller Erinnerung geblieben – ein unvergesslicher Tag, an dem sich meine Praxis fast in einen Kreißsaal verwandelt hätte.

43. Kapitel

So zogen sich die vielen Jahre meiner Hebammentätigkeit dahin – eine wilde Achterbahnfahrt voller Höhen und Tiefen, Freuden und Leiden. Aber egal, wie turbulent der Tag auch war, es war immer wunderbar, am Abend auf das Geleistete zurückzublicken. Die Geschichten in meinem Buch haben sich so oder so ähnlich zugetragen; schließlich liegt vieles im Auge des Betrachters. Mein Ziel war es nie, jemanden zu verletzen oder zu diskriminieren, sondern einfach meine Geschichte zu erzählen – mit all ihren Facetten, den lustigen und den ernsten Momenten.

Mein beruflicher Weg hat sich über die Jahre gewandelt, fast so wie ein Chamäleon seine Farben wechselt. Ich begann im Kreißsaal, ganz klassisch, wo der Trubel nie abreißt und das Leben im Minutentakt ins Rollen kommt. Dann kombinierte ich den Kreißsaal mit einer Teilzeit-Freiberuflichkeit – sozusagen ein Doppelleben als Hebamme. Später konzentrierte ich mich ganz auf die Freiberuflichkeit, um dann doch wieder eine kleine, aber feine Anstellung bei einem lieben Gynäkologen anzunehmen. Nach etlichen Jahren schwenkte ich schließlich komplett in die Freiberuflichkeit, leitete verschiedene eigene Praxen – mal mit Kolleginnen, aber meist als einsame Wölfin. Es war immer spannend, nie langweilig und hat mir viel Spaß gemacht!

An dieser Stelle möchte ich ein dickes „Danke" an alle aussprechen, die diesen verrückten, erfüllenden und manchmal auch chaotischen Weg möglich gemacht haben!

Auch in meinem privaten Leben hat sich so einiges getan. Ich habe zwei wunderbare Kinder bekommen – das allein ist ja schon ein Abenteuer für sich! – und habe ein Haus saniert. Aber das Leben wäre nicht das Leben, wenn nicht auch ein paar Hürden aufgetaucht wären. Eine Scheidung stand an und danach lebte ich eine Weile alleine mit meinen Kindern. Doch wie es oft so ist, schlug das Schicksal einen neuen Weg ein und ich lernte einen neuen Mann kennen und lieben.

Was dann geschah und wie der lange Weg zu unserem dritten Kind fast zum Alptraum wurde, das ist eine andere Geschichte – aber eine, die ich vielleicht eines Tages noch erzählen werde.

Und damit schließe ich: **Ende!** Aber wer weiß, vielleicht ist es ja erst der Anfang eines neuen Kapitels…